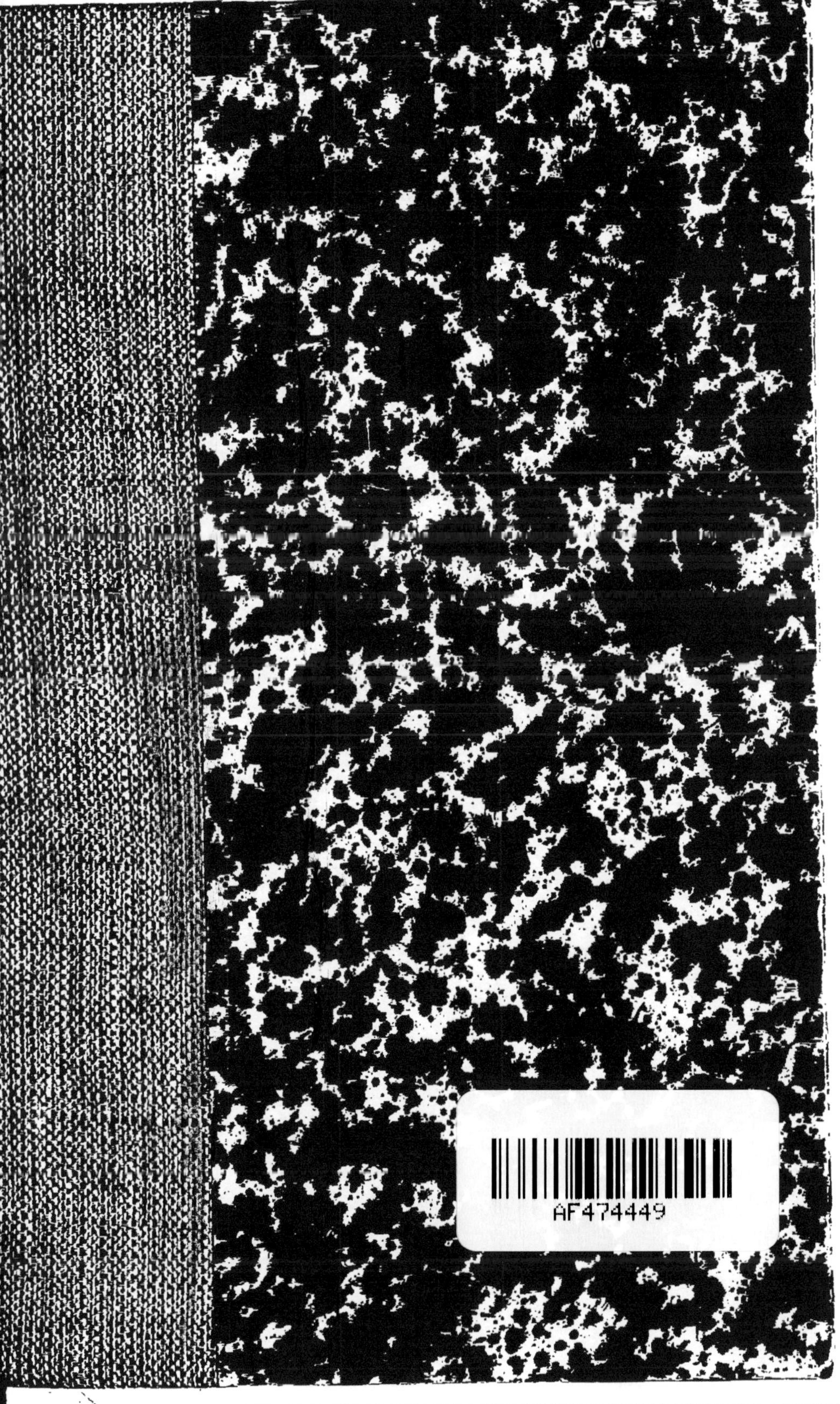

J. B[illegible]ER

TROIS MOIS

EN

TUNISIE

JOURNAL D'UN VOLONTAIRE

PAR

JEAN LUX

PARIS

AUGUSTE GHIO, ÉDITEUR

PALAIS-ROYAL, 1, 3, 5, 7 et 11, GALERIE D'ORLÉANS

1882

TROIS MOIS EN TUNISIE

JOURNAL D'UN VOLONTAIRE

Arcis-sur-Aube. — Imprimerie Léon FRÉMONT

TROIS MOIS
EN
TUNISIE

JOURNAL D'UN VOLONTAIRE

PAR

JEAN LUX

PARIS
AUGUSTE GHIO, ÉDITEUR
PALAIS-ROYAL, 1, 3, 5, 7 et 11, GALERIE D'ORLÉANS

1882

PRÉFACE

Les notes qu'on va lire ont été rédigées au jour le jour au milieu de la vie des camps. Leur principal mérite est de dire la vérité et de raconter des faits qui se sont réellement passés.

Il ne faut point y chercher un historique de la campagne, c'est tout bonnement le récit de quelques événements auxquels l'auteur s'est trouvé mêlé. Nous avons pensé que ce récit, purement militaire et dégagé de toute espèce de préoccupation politique, pourrait intéresser le lecteur en lui donnant un aperçu de cette vie d'Afrique, si étrange et si mouvementée, et en lui faisant voir un coin de ce pays curieux sur lequel tant de gens ont écrit et que si peu connaissent.

TROIS MOIS EN TUNISIE

JOURNAL D'UN VOLONTAIRE

Lyon, 21 Juillet 1881.

Mes chers Parents,

C'est sur le chemin de la Tunisie que je vous écris.

Notre départ de Paris s'est effectué si brusquement que je n'ai pu vous annoncer cette nouvelle avant de quitter la capitale.

A voir l'empressement qu'on a mis à nous faire partir nous pouvions croire que notre présence là-bas était des plus urgentes et cependant il paraît que nous allons rester huit jours ici. Tant pis, maintenant que nous voilà en route, j'aurais préféré faire le voyage tout d'une traite.

Vous vous demandez, sans doute, si je pars le

cœur content ? Oui et non ; je suis heureux de voir du nouveau, de connaître ce pays africain qu'un militaire ne doit pas ignorer, je suis heureux d'aller me battre parce que c'est mon métier, mais je pars sans enthousiasme pour une guerre dont les causes et le but sont inconnus et qui ne saurait inspirer à ceux qui la font le moindre élan de patriotisme.

Combien j'eusse préféré faire mes premières armes en 70 alors qu'on combattait pour la défense du sol et l'honneur national ! Il me semble que le soldat, pour se bien battre, a besoin de sentir qu'il agit pour la bonne cause.

Quoi qu'il en soit, pour ne rien perdre des événements qui vont se passer, je vous écrirai jour par jour ce que j'aurai vu, et vous enverrai mon journal chaque fois qu'il se présentera une occasion.

28 Juillet.

Nous sommes arrivés hier au soir à Toulon. Nouvelle installation qui va durer, paraît-il, quelques jours, car les bateaux qui doivent nous emporter là-bas, ne sont pas encore au port.

J'en profite pour visiter Toulon, la ville la plus sale et la plus amusante de France, avec son port si animé, son marché si bruyant, cette cohue de matelots, ce va-et-vient incessant de commerçants, de marins, de gens de tous pays, cette vie en plein air sous les beaux platanes qui ombragent les rues, ces cris, cette animation, avec l'accent provençal qui jette au milieu de tout ce bruit ses notes grasseyantes et achève de donner la couleur locale.

Dimanche, 31 Juillet.

Jour de l'embarquement. Hier au soir, personne ne se doutait qu'on allait partir, pas même le général; aujourd'hui, tout le monde est en l'air, des ordres sont arrivés pendant la nuit et dès le réveil, on nous annonce que nous nous embarquons à une heure. Bientôt ce n'est pas à une heure, mais à onze heures qu'on doit s'embarquer, l'ordre vient d'être donné au

1.

rapport et le sergent-major nous l'apporte en courant.

Il est déjà neuf heures, rien n'est prêt, les sacs ne sont pas faits, la soupe n'est pas mangée. On se brûle pour l'avaler, on bâcle son sac, on entasse ses affaires. L'adjudant a déjà fait sonner trois fois l'assemblée; le capitaine est dans la cour et s'impatiente. Les sous-officiers jurent et tempêtent, bousculent les retardataires. Enfin, on finit par rassembler tout le monde, on fait l'appel et... par le flanc droit, marche! Les braves Toulonnais nous regardent passer ébahis, se demandant si le feu est à la Tunisie.

Arrivés sur le quai, le calme renaît; nous apercevons trois énormes bateaux destinés à la brigade et tout le long du bord une forêt de pantalons rouges. Cela veut dire que notre tour se fera attendre longtemps. Pour nous distraire, nous regardons embarquer les chevaux; les pauvres bêtes se défendent comme elles peuvent et lancent des ruades à tout casser, mais en vain : la grue à vapeur les enlève dans l'espace, les fait passer par dessus bord et les précipite dans la calle à travers l'écoutille comme un diable de féerie dans une trappe.

Enfin, notre tour arrive, on case d'abord nos sacs et nos fusils, puis, débarrassés de notre attirail guerrier, nous nous entassons sur le pont qui va nous servir de salon et de chambre à coucher pendant toute la traversée.

C'est un beau vapeur de la compagnie transatlantique qui nous est échu en partage. Tant mieux, nous irons plus vite que sur les gros transports de l'État.

L'embarquement continue pendant tout le reste de la journée, maintenant, on monte les munitions; aux munitions, succèdent les balles de fourrage, puis les caisses de biscuit, cela n'en finit plus.

Je crois que le moment du départ approche. L'embarquement est terminé, l'ancre est levée, on a fermé les écoutilles, le gros sifflet de la machine a déjà mugi deux fois.

Maintenant on détache l'amarre, un troisième coup de sifflet, l'hélice fait sentir sa trépidation, c'est fait, nous partons. L'énorme machine emporte nos huit cents hommes sur son dos comme une baleine ferait d'un harpon.

Un cri s'élève : « au revoir, la France, au revoir ! » Hélas ! beaucoup d'entre nous pourraient peut-être dire : « adieu ! » Quelques-uns le pensaient, sans doute, ce mot terrible, mais personne n'a osé le prononcer, tellement l'espoir se cramponne au cœur de l'homme !

Il est sept heures, tout le monde est debout, regardant défiler le port et la rade.

Sept heures et demie : il est nuit, les feux sont allumés à bord du navire ; on voit encore les coteaux se détacher sur le ciel, mais bientôt la terre, le ciel et l'eau tout va se confondre, couchons-nous.

Couchons-nous ! la chose est aisée à dire, mais à faire, nenni ! Tout à l'heure dans la position verticale on pouvait à peine se moucher, comment tous ces corps allongés pourront-ils trouver leur place ? C'est un problême difficile à résoudre, cependant essayons !

1er Août.

Aux premières lueurs du jour tout le monde

est debout humant à pleins poumons la brise de mer. Nous voguons sur une mer d'huile. Grâce à elle et à la fatigue tout le monde a bien dormi.

Quelques retardataires essayent encore de sommeiller, mais des cordages qui viennent les râcler au passage, des matelots peu gênés qui leur sautent sur le ventre pour courir à la manœuvre les décident à faire comme les camarades et à contempler les beautés de la mer.

Notre premier regard s'est dirigé vers l'arrière du navire, mais adieu les côtes, on ne voit plus que le ciel et l'eau comme dit le petit mousse des *Cloches de Corneville.*

La plupart d'entre nous, braves enfants de la Beauce ou du Poitou, voient la mer pour la première fois et ne lui ménagent pas les témoignages de leur admiration. Le soleil qui se lève du sein des flots, embellit le tableau et complète l'enthousiasme. Une voile à l'horizon, une troupe bondissante de marsouins, un vol de pétrels sautant sur les vagues sont ensuite les événements de la matinée.

Une sonnerie de clairon s'est fait entendre. Serait-ce l'exercice? Mais bah! quelle idée! On se rappelle bien vite que les fusils sont enfermés dans l'entrepont et les sacs à fond de cale. Non, c'est le café et ma foi il est excellent! Tous les bonheurs alors, d'autant plus que le vieux caporal Pinchot de la 3e du 4 qui a servi aux zouaves et fait six fois la traversée, nous affirme que la soupe est remplacée à bord par un excellent déjeûner où l'on a du vin et du ragoût de mouton!

Notre béatitude a cependant été troublée un instant. Une véritable trombe d'eau s'est tout à coup abattue sur le pont. Un moment nous avons craint que le navire embarquât, mais c'est simplement le lavage quotidien qui s'opère à grand renfort de pompes. Pour nous sauver du déluge, nous grimpons sur la dunette, mais à peine y sommes nous installés que la trombe recommence. Nous descendons de rechef les escaliers changés en cascade; sous la galerie une véritable pluie s'abat sur nous. Les matelots armés de leur terrible instrument, nous poursuivent dans tous les coins: gâre! crient-ils obligeamment au malheureux qui vient d'être inondé. Évidemment, ces gaillards-là se font un malin plaisir d'arroser nos « godillots. »

Est-ce parce qu'ils sont nu-pieds? Le caporal Pinchot affirme en effet, que c'est pure jalousie.

Enfin la trombe cesse, chacun reprend sa place sur le pont où le soleil nous aura bientôt séchés et la journée s'achève tranquillement.

Quelques-uns ont organisé des jeux: j'aperçois dans un coin Patureau qui joue aux lotos avec quatre ou cinq camarades de l'escouade. Quel autre que Patureau eût jamais songé à emporter des lotos en Tunisie? Cet animal-là est capable d'apprendre le jeu aux Arabes, rien que pour avoir le plaisir de les tricher!

2 Août.

Notre deuxième nuit à bord s'est passée aussi tranquillement que la première. La mer était phosphorescente et nous a donné un spectacle superbe. Accoudé sur le parapet, je regardais les vagues qui venaient battre les flancs du navire et retombaient en pluie de feu.

L'hélice envoyait une gerbe d'étincelles semblables à celles que maître Pierre, le forgeron de St-Benoît, fait jaillir sous son marteau quand il bat le fer sur l'enclume.

Dans le silence de la nuit on n'entendait que le tic toc de la machine et le bruit du navire fendant orgueilleusement la vague frémissante. Peu à peu je me laissais aller à une douce rêverie et les souvenirs du pays m'arrivaient en foule : je vous voyais tous deux, chers parents, veillant dans la salle à manger où le coucou fait entendre son tic-tac monotone. Près de la table ronde que la vieille Catherine est en train de desservir, la mère tient la petite Hélène qui s'est endormie sur ses genoux. Le père, enfoncé dans son grand fauteuil, ses lunettes sur le nez, lit attentivement l' « Écho du Poitou » qu'il tient ouvert à l'article « Tunisie. »

Je suis resté-là bien longtemps, plongé dans mes réflexions, puis quand le sommeil est venu, je me suis endormi sur un gros cordage en pensant à vous...

Au jour on aperçoit la côte d'Afrique. Quel vilain aspect ! Rien que des montagnes toutes crevassées et nues comme la main.

Les officiers, du haut de la passerelle, fouillent le rivage avec leurs lunettes, et nous, nous regardons de tous nos yeux. Voilà donc le pays ennemi ! A chaque instant, il nous semble que d'une de ces crevasses nous allons voir sortir un Khroumir épiant notre marche !

A sept heures du matin, nous passons en vue de Bizerte où l'on aperçoit un camp et nous saluons de loin les camarades qui doivent bien s'ennuyer sur ces affreux rochers ! A neuf heures, nous entrons dans le golfe de Tunis ; tout au fond, la Goulette découpe la ligne blanche de ses façades sur l'horizon bleu. Le temps d'aller manger la soupe et nous sommes au milieu de l'escadre française, mouillée dans la rade.

Nous défilons successivement devant les cuirassés anglais, russes, italiens; des chaloupes, des canots chargés de marins, des remorqueurs traînant une longue file de canots se croisent dans tous les sens.

Plus loin, sont les Transatlantiques. Nous allons prendre place au milieu d'eux par un savant contour.

Nous ne sommes pas encore arrêtés qu'une foule de barques aux grandes voiles blanches nous accostent de tous côtés ; ce sont les chalands destinés à nous mener à quai. On appelle la 3e compagnie, je n'ai eu que le temps de ramasser ma musette et me voilà, poussé par le flot humain, dégringolant l'échelle de débarquement et sautant dans la barque où toute la 3e a trouvé place, grâce à un entassement formidable. Nos mariniers, sorte de sauvages à moitié nus, au visage noir et aux muscles de fer, mélange de Maltais et d'Arabes, ont déployé en un clin d'œil leur grande voile triangulaire et nous filons vers le port emportés par la brise de mer.

Le canal de la Goulette dans lequel nous pénétrons ensuite, donne accès dans la ville. Triste entrée, en vérité, et qui donne tout de suite une image de l'incurie arabe : des quais délabrés, des digues à moitié rompues, un encombrement inouï de bateaux à travers lesquels nous circulons à grand peine.

Enfin nous arrivons ; un saut par dessus bord et nous tombons en pleine couleur locale.

Nous sommes sur une grande place dénudée, brûlée par le soleil, tout autour de nous des murs blanchis à la chaux, un grand palais carré, ancien harem du Bey, du côté de la mer des fortifications en pierre blanche garnies de vieux canons, laissant apercevoir à travers leurs embrasures le bleu du ciel et sous nos pieds un sol tout poudreux et brûlant.

C'est là que nous devons camper ; en attendant la fin du débarquement nous formons les faisceaux, et les rangs étant rompus, nous nous précipitons vers les deux pieds d'ombre que projette le harem.

A trois heures, le bataillon se forme en carré et nous dressons nos tentes, puis la soupe avalée nous nous mettons en devoir de visiter la ville. Nous partons, Patureau et moi, avec le caporal Pinchot qui, en sa qualité de vieil Africain, s'est chargé de nous « piloter ».

A l'entrée du pont qui donne accès dans la ville, nous trouvons un poste de soldats tunisiens. Le factionnaire a déposé son fusil sur le parapet et, assis sur une chaise, tricote consciencieusement un bonnet de coton. Les hommes de garde, assis par terre, les jambes croisées à la turque, jouent aux cartes, et leur officier ne dédaigne pas de se mêler à leur partie. Celui-ci est presque aussi sale et déguenillé que ses hommes. Mais on reconnaît son grade aux deux étoiles brodées sur son collet. Quelques-uns, plus pratiques, se sont établis marchands de pastèques ou d'allumettes chimiques, trouvant que le métier militaire n'est pas incompatible avec le commerce et la bimbeloterie. Leur marchandise est étalée devant eux sur le trottoir, et quand leur tour de faction arrive, ils cèdent la place à un camarade.

Nous sommes à l'époque du Rhamadan (carême musulman). Une foule bizarre encombre les rues : le burnous blanc de l'Arabe se croise avec la gandourach éclatante du Maure ; ici. nous rencontrons une grosse juive, à la démarche pesante, surchargée de bracelets et de bijoux avec son bonnet pointu et sa veste courte qui laisse voir ses jambes serrées dans un pantalon collant ; là, une femme mauresque, toute voilée de blanc avec un masque noir sur le visage, qui ne laisse passer que le regard de deux grands yeux.

Les marchands ambulants ont envahi les trottoirs, des jongleurs exécutent leurs tours en plein vent, devant une galerie de soldats et de matelots venus de tous les coins du globe. Les mendiants et les gamins, porteurs de bouquets, assaillent les consommateurs à la porte des cafés, pendant qu'une troupe de pifferrari égaye tout ce bruit des airs populaires de Verdi et de Donizetti.

De temps à autre, au milieu de cette cohue, où fourmillent les pantalons rouges, un Arabe passe gravement sur son cheval richement caparaçonné, son fusil en travers sur sa selle, l'air indifférent et dédaigneux.

Nous nous arrêtons longtemps devant les forçats qui, enchaînés deux à deux, sont occupés à arroser les rues. Leurs traits ne sont guère plus hideux que ceux des gardes-chiourmes chargés de les surveiller. Sans leur boulet, rivé au pied, il serait vraiment bien difficile de les distinguer les uns des autres.

Nous dirigeons ensuite notre promenade sur les bords de la mer. Tout le long du rivage, des villas appartenant aux riches commerçants de la Goulette et de Tunis. Les jeunes filles juives nous regardent curieusement à travers le grillage des fenêtres. La plupart sont fort jolies, l'ovale du visage est pur, les cheveux d'un noir de jais, les sourcils qu'elles rejoignent au-dessus du nez par un arc de peinture, ombragent des yeux magnifiques. Malheureusement cette beauté juvénile ne durera pas longtemps; après quinze ans, les traits s'épaissiront, les joues tomberont, une lourde obésité remplacera toute cette grâce enfantine.

En face des villas sont les bains de mer européens, juifs et arabes. La magnifique plage de sable fin qui s'étend jusqu'à un demi-kilomètre en mer, est couverte de baigneurs.

La Méditerranée présente ici un spectacle féérique. L'escadre française et les navires étrangers y déploient leurs pavillons aux mille couleurs. Les paquebots se croisent dans tous les sens laissant derrière eux un long panache de fumée. Là-bas, un gros transport vient d'arriver apportant une nouvelle cargaison d'hommes et de chevaux, une nuée de balancelles semblable à un vol d'oiseaux avec leurs grandes voiles blanches déployées, se précipitent à sa rencontre.

A l'horizon, les montagnes de Bir-el-bey se dessinent fièrement, éclairées par le soleil couchant. Ce point attire tout particulièrement notre attention, car ce sera notre première étape en Tunisie.

La nuit est venue ; les cafés arabes ont allumé leurs grandes lanternes et devant la porte, les musiciens indigènes, assis sur une natte, psalmodient leurs mélodies monotones en s'accompagnant du flageolet, du triangle et d'une sorte de tambour ſait d'une calebasse ou d'un pot de terre recouvert de peau.

Les pupazzi italiens et les ombres chinoises chères à la population musulmane se préparent à donner leurs représentations, il y en aura pour tous les goûts ; mais, chose remarquable, dans ces rues encombrées de monde, les trois populations, chrétienne, juive et musulmane ne se mêlent jamais.

Les clairons passent en jetant leurs notes stridentes au milieu de la ſoule : c'est la retraite, nous regagnons notre petite tente où l'on entre à quatre pattes.

3 Août.

Il ſaut que je note bien vite l'alerte de cette nuit. A 3 heures du matin : boum ! un énorme coup de canon nous part dans les oreilles. En un instant tout le monde est sur pied croyant à une attaque ou à un accident, mais nous sommes vite rassurés en entendant éclater une joyeuse ſanſare. Informations prises, c'est le canon de l'arsenal qui vient de tirer pour célébrer la fin du jeûne et le commencement des réjouissances du Rhamadan. La musique, une horrible musique qui rappelle la valse infernale de Robert-le-Diable, mais qui n'a pas l'harmonie des chœurs de l'opéra, est faite par les soldats tunisiens casernés à l'arsenal. Ceux-ci fêtent leur carême en bons musulmans.

Nous nous glissons de rechef sous nos tentes et nous tâchons de nous rendormir en maudissant le Rhamadan et Mahomet qui prescrit des concerts à trois heures du matin.

La journée s'est passée sans autre incident qu'une chaleur tropicale. Nous en sommes déjà à regretter le paquebot et le plancher du pont ; on avait au moins la brise de mer, mais ici pas un souffle, quarante degrés de chaleur et deux mètres carrés de toile pour nous abriter tous les six contre les rayons d'un soleil de feu.

C'est surtout l'ennui qui vous dévore pendant ces heures brûlantes du jour où l'on est forcé de rester sous la tente sous peine d'insolation. Rien à faire, rien à lire, et obligé de garder la position horizontale, quel supplice ! Le sommeil finit par vous prendre, mais un sommeil lourd, agité, plein d'hallucinations ; vous vous réveillez affaibli, inondé de sueur et mourant de soif. C'est comme cela depuis neuf heures du matin jusqu'à cinq heures du soir. Quel bonheur quand le soleil disparaît, quel soulagement ! Mais la nuit, autre écueil : vous vous couchez ayant trop chaud, à moitié nu, et à trois heures du matin, vous vous réveillez transi de froid et tout mouillé de rosée.

4 Août.

Je suis de garde au camp ; le caporal Pinchot est venu m'annoncer cette nouvelle, ce matin, de son air aimable, et moi qui avait fait le projet d'aller voir Carthage avec deux ou trois camarades, vous jugez si j'ai fait piteuse mine.

Cependant, ce matin, nous avons eu une agréable distraction et un beau spectacle. L'amiral commandant l'escadre, accompagné de tous les officiers de la flotte, venait rendre visite au Bey.

C'est d'abord le canot-amiral qui s'avance avec ses seize rameurs, fendant l'eau d'une façon si égale qu'on dirait les avirons mus par une machine, puis une infinité d'autres canots qui amènent l'état-major et tous les officiers.

Un coup de canon annonce l'arrivée du Souverain. Les soldats tunisiens se rangent à la hâte sur son passage, formant la haie et présentant les armes d'une façon presque aussi martiale que les pompiers de Saint-Benoît le jour de la fête locale.

Voilà le Bey; il s'appuie sur le bras d'un ministre, ses traits sont fins et dignes, son regard intelligent quoique un peu éteint, il a l'air triste et ennuyé; il subit les hommages qu'on lui rend, mais il est aisé de voir qu'il s'en passerait volontiers.

C'est qu'il est bien dur pour un vaincu d'accepter les hommages du vainqueur. Tous ces honneurs sont écrasants pour lui.

Dès aujourd'hui je me sens de la pitié et presque de l'estime pour cet homme. Il voulait, paraît-il, abdiquer, on le force à jouer encore au roi lorsqu'il n'est plus rien; quelle situation pénible!

. . . .

Ce soir on nous annonce que demain matin

nous quittons la Goulette pour nous rendre au camp de Bir-el-bey dont je vous ai déjà parlé.

Cette fois nous allons entrer en plein pays arabe.

Adieu la ville et les habitudes européennes. A la Goulette nous étions encore presque en France, demain nous nous lançons dans l'inconnu.

La nouvelle de notre changement a cependant été accueillie avec joie par les soldats. Pourquoi ? Le brave troupier auquel vous feriez cette question serait bien embarrassé de vous répondre ; mais nous allons voir *du nouveau* ; voilà ! Ce mot magique produit toujours son effet.

5 Août.

Aujourd'hui j'ai pu me rendre compte, d'après notre première étape, de ce qu'était une marche en Afrique. Marcher, voilà la grande difficulté de la guerre. Et ce qui n'est que difficile en France, devient ici souvent impossible.

Figurez-vous des routes à peine tracées,

pleines de sable, où le pied s'enfonce à chaque pas, où les roues des voitures pénètrent jusqu'à l'essieu, soulevant une poussière aveuglante. On a réquisitionné les voitures trop tard et en trop petit nombre, elles sont chargées à l'excès, leurs conducteurs arabes ou maltais ne savent pas un mot de français et ne comprennent pas ce qu'on leur commande. Les mulets qu'on nous a envoyés de France, recrutés à la hâte et peu habitués à porter de lourds fardeaux, s'abattent sur la route ; à chaque instant, il faut les relever, les bâter, les sangler et les charger à nouveau. Deux hommes suffisent à peine à ce travail : de là des pertes de temps et un nombre incalculable de retardataires qui s'échelonnent sur la route.

Je suis à l'arrière-garde, nous avons pour mission de pousser tous ces traînards, de les faire rentrer dans la colonne, et je vous assure que ce n'est pas une sinécure.

Les hommes ont bien marché jusqu'à huit heures du matin, mais à partir de ce moment le soleil a commencé à darder ses rayons et la marche est devenue bien pénible. Les trente kilos que nous avions sur le dos se ſaisaient rudement sentir, nous étions couverts de sueur et en gens inexpérimentés nous avions bu pendant la première partie de l'étape toute l'eau que contenaient nos bidons. Quel terrible mal que la soif ! Pour humecter nos gosiers dessechés nous aurions bu du vinaigre.

A une halte que nous fîmes près d'une rivière, les officiers furent impuissants à retenir leurs hommes et tous se précipitèrent avidement vers l'eau. Hélas ! ils revinrent faisant des mines qui eussent été comiques en toute autre circonstance et crachant à faire pitié : c'était de l'eau salée !

Enfin à dix heures nous arrivons. Il était temps ! Les traînards commençaient à s'égrener sur la route d'une terrible façon !

C'est égal, pour une première étape il n'y a pas trop à se plaindre, une autre fois cela ira mieux, mais je comprends aujourd'hui combien il est nécessaire d'avoir des hommes et des chevaux *entraînés* pour faire une pareille guerre !

6 Août.

Le camp de Bir-el-bey est situé au bord de

la mer, dans une plaine où ne poussent que des bruyères et adossé à des montagnes. Au pied même de ces montagnes se trouve un ancien palais du Bey qui, grâce à l'incurie arabe, est en train de tomber en ruines. Le bas est déjà envahi par des *mercantis* italiens ou tunisiens qui se sont précipités ici à notre suite et qui vendent à nos soldats des figues, des raisins, des menus objets de toilette, force pastèques et des liquides de toute sorte.

Tout ce monde-là fait un tapage infernal, chacun criant sa marchandise en mauvais français et répétant toujours le même refrain monotone : « bon marchi ! bon marchi ! »

Je surprends Patureau en grande discussion avec un mercanti tunisien auquel il marchande des allumettes. Après un colloque d'un grand quart d'heure pendant lequel chacun a discuté dans la langue de son pays : « Sont-ils bêtes ces Arabes, fait notre troupier exaspéré, ils ne comprennent même pas le français ! »

8 Août.

Rien à signaler, comme on dit en style militaire. Je commence à trouver qu'en Tunisie les jours se suivent et se ressemblent d'une terrible façon!

Le repos du camp commence à nous peser. Maintenant nous voudrions « faire colonne, » marcher, *voir du nouveau*. Une seule chose fait diversion à notre ennui, c'est de pouvoir nous plonger tous les jours dans la mer. C'est une si bonne chose que le bain après la chaleur et la poussière du jour. Tous les soirs à cinq heures nous nous précipitons dans le golfe et nous nous laissons bercer par ces belles vagues qui viennent écumer sur le sable. La plage est moins belle qu'à la Goulette, mais encore fort agréable et toute de sable fin.

14 Août.

Aujourd'hui on nous a permis d'aller voir

Tunis où nous a conduit un voiturier du pays. La ville a du cachet et est intéressante à visiter. Elle se compose de trois quartiers bien distincts, le quartier européen qui ressemble à la première ville de province venue, le quartier juif qui n'est guère remarquable que par sa saleté, et le quartier arabe. Celui-ci est le plus curieux de tous. Une grande partie des rues est voûtée, la lumière y pénètre par des trous circulaires percés dans la voûte donnant une clarté très-douce. Il y fait toujours frais, même aux heures les plus brûlantes du jour, et le promeneur peut à son aise admirer les boutiques et les étalages de toute sorte qui garnissent les trottoirs ; car nous sommes ici en plein bazar arabe.

Par exemple, méfiez-vous des marchands, pour la rouerie et la finesse ils laissent les juifs eux-mêmes bien en arrière. Lorsqu'un marchand vous aura fait le prix d'une étoffe, donnez-en le tiers et vous pourrez vous estimer acheteur généreux.

Autre recommandation importante : prenez un guide pour vous conduire à travers le dédale de ces rues tortueuses ; sans cette précaution vous seriez sûr de vous perdre et la nuit il serait peu prudent d'errer au milieu de pareils coupe-gorge.

Nous avions grande envie de visiter la mosquée qui s'élève au milieu du quartier musulman; mais aux premiers pas que nous avons faits sur la porte, les Arabes assis sur les marches se sont levés indignés en faisant des gestes énergiques de dénégations. Il paraît qu'il est défendu aux « Roumis » d'y mettre les pieds. Un juif ou un chrétien ne doit pas souiller de sa présence le temple de Mahomet.

Quand on voit de loin la capitale de la Tunisie enfermée dans ses hauts remparts, on est frappé de son peu d'étendue et l'on a peine à se figurer que ce soit là une ville de 150,000 âmes. Ce fait s'explique pourtant quand on a vu grouiller dans les rues tout ce peuple serré, pressé comme les grains d'un raisin, encombrant les trottoirs et les cours des maisons.

Il est d'ailleurs bien difficile de faire le dénombrement de gens qui, pour la plupart, n'ont pas de domicile et couchent dans la rue.

18 Août.

Ce matin, j'ai profité de ce que j'étais libre pour faire une excursion dans les montagnes qui dominent le camp. De là-haut on a une vue magnifique sur tout le pays environnant.

Les regards s'arrêtent avec plaisir sur une petite vallée assez bien cultivée, chose rare en Tunisie. De nombreux bois d'oliviers et des fermes entourées de cactus rompent l'uniformité de la plaine.

Quand je parle de fermes, n'allez pas vous figurer une de nos métairies du Poitou avec des étables et des bâtiments d'exploitation. La seule construction en pierres qui existe dans ces *douars* (c'est le nom arabe) est le puits ou *noria*, base indispensable de toute exploitation africaine et dont on extrait l'eau avec un seau en cuir tiré par des bœufs. Le jardin, où poussent quelques herbes, des figuiers, des oliviers, parfois un peu de vigne, est entouré d'une forte haie de cactus épineux, barrière infranchissable et défiant l'agression la plus hardie. Le logement du propriétaire se compose d'une hutte en terre recouverte de branchages ; souvent même la hutte est remplacée par un simple toit de feuillage, c'est ce qu'on appelle le *gourbi*. Toute la famille niche là-dedans. Les Arabes, gens méfiants, ne laissent pas facilement pénétrer dans leur gourbi. Du reste, il suffit d'avoir subi une fois les terribles morsures de ces milles petits animaux auxquels l'Arabe donne largement l'hospitalité pour n'être pas tenté d'y revenir.

Quand je songe, qu'il y a quelque temps je lisais les articles d'un journaliste, homme sensible, qui fulminait contre le vandalisme des soldats français assez barbares pour mettre le feu aux « habitations » des Kroumirs !

Le peuple arabe semble avoir une sainte horreur de la truelle. Quelques-uns habitent les anciennes ruines romaines qui abondent dans le pays, mais jamais il ne leur vient à l'idée d'en relever une seule pierre !

Il est triste de penser que ce pays inculte et désolé fut autrefois un des plus beaux spécimens de la civilisation carthaginoise et romaine.

Au sommet de cette montagne j'ai trouvé les vestiges d'une tour antique où je me suis établi pour rédiger ces quelques notes. Quelle patience et quelle hardiesse il a fallu aux hommes de ce temps pour transporter à quinze cents pieds de haut ces énormes blocs de pierre que nous hésiterions à remuer aujourd'hui avec nos puissantes machines !

En descendant au camp, j'ai sous les yeux un spectacle curieux et intéressant ; une partie de l'armée tunisienne défile sous mes yeux, enseignes déployées.

Ce sont des troupes que le Bey envoie dans la direction d'Hammada : elles sont destinées, dit-on, à reconnaître le pays où nous devons nous avancer dans quelques jours.

En tête marchent les cavaliers, suivis de l'artillerie traînant des canons de montagne analogues à nos anciennes pièces de quatre, sur des affûts peints en vert.

Puis viennent les fantassins, marchant sur un rang des deux côtés de la route, escortant un immense convoi dont on ne voit pas la fin.

En passant devant notre front de bandière où on leur rend les honneurs, ces braves Tunisiens ont pris leur air le plus martial ; mais en dépit de leur bonne volonté, avec leurs pantalons trop courts et leur défroque militaire achetée à quelque vente de réforme de l'ancienne garde nationale, ils ont l'air de vrais singes habillés. Presque tous vont pieds nus, et c'est là que je les admire, car pour faire vingt ou trente kilomètres sur cette route brûlante il faut qu'ils aient la plante des pieds plus dure que les pierres du chemin. Leur armement est des plus variés, tromblons, longs moukalas arabe, fusils à pierre ou à tabatière tout leur est bon. En revanche l'usage du sac paraît leur être inconnu ; du reste l'énorme convoi qu'ils traînent avec eux y supplée largement.

En passant devant le marché de Bir-el-bey, beaucoup quittent les rangs sans façon pour faire leur petite provision de pastèques et de figues de Barbarie.

Les voitures défilent encore pendant un bon quart d'heure, les dernières portant les femmes et les enfants, probablement le harem du colonel.

18 Août.

En vue d'un départ prochain on a évacué

aujourd'hui nos malades sur la Goulette. Ces malheureux étaient portés à dos d'homme jusqu'à la barque chargée de les emporter, hissés à grand peine sur le pont à cause de la mer qui était grosse et qui secouait le bateau comme une coque de noix, puis descendus dans une cale noire et infecte, puant la marée d'une lieue.

Les pauvres diables ont ainsi fait trois heures de traversée ayant à peine l'air nécessaire pour respirer, car on avait fermé les écoutilles pour empêcher l'eau de pénétrer. Je pense que ce petit voyage aura allongé de quelques jours leur séjour à l'hôpital.

22 Août.

Les ordres sont donnés pour le départ, on se mettra en marche demain matin à quatre heures.

Nous allons à Hammada et nous avons quatre étapes à faire pour y arriver.

Toute la journée nous avons été occupés à recevoir et à répartir les voitures destinées au convoi qu'on nous envoie de Tunis. Malheureusement, il en manquera encore beaucoup, des convoyeurs ont fait faux-bond, d'autres ont déserté avec leurs chevaux, craignant de s'engager à notre suite dans un pays hostile, bref, le nombre des charrettes, des *araba* comme on les appelle ici, est tout à fait insuffisant.

23 Août.

Qui n'a pas vu le remue-ménage et l'encombrement occasionnés par un départ de troupes, ne peut s'en faire une idée.

Ce n'est pas chose facile que de quitter un camp où l'on a séjourné vingt jours, où l'on a pris ses habitudes, où l'on s'est commodément installé.

Peu à peu, la tente s'est encombrée de ces mille petits objets qui ne sont rien en temps ordinaire et qui deviennent un gros embarras lorsqu'il s'agit de faire tout tenir dans un sac grand comme un tiroir de table de nuit.

Aussi tout à l'heure, quand tout le monde sera parti, le sol restera jonché de débris de toute sorte : bouteilles vides, vieux souliers, boîtes de conserve éventrées, gourbis abandonnés ; de quoi meubler trois familles Arabes.

A deux heures du matin, les cuisiniers d'escouade sont déjà sur pied soufflant leur feu, car il s'agit de faire le café et de le boire avant de partir.

Cette opération qui ne doit pas durer en tout plus d'une demi-heure, exige de la part de ceux qui en sont chargés une adresse et une promptitude dont les vieux troupiers sont seuls capables.

Le réveil en campagne vient de sonner. A ce signal, les soldats qui ne dorment plus que d'un œil, sachant que l'heure du départ est proche, sortent précipitamment de leur tente et le camp, tout à l'heure si calme, apparaît tout d'un coup remuant et bourdonnant, éclairé par le feu des cuisines.

Les tentes sont d'abord abattues. La grande toile se divise en six ; chacun en prend un morceau ; puis il faut ramasser ses affaires et confectionner son sac avec la toile de tente et la veste roulées par dessus, les outils, les ustensiles de campement et les gamelles sont attachées savamment au dehors au moyen des courroies. Dans l'obscurité, on tâche de retrouver son ceinturon, sa giberne, ses brosses, épars de tous côtés, on se presse, on se bouscule, on se heurte, parfois on se dispute et entre temps on essaie d'avaler son café.

Le *boute-charge* a sonné, il faut aider à charger aux muletiers, au convoyeur. Bien heureux si celui-ci s'est réveillé à temps ou s'il ne s'est pas égaré dans une compagnie voisine.

Sac au dos ! commande le capitaine. On hisse *azor* sur ses épaules, le camarade de droite attache la dernière courroie, on se met sur deux rangs et les faisceaux sont rompus. Les compagnies à tour de rôle se mettent en marche vers le lieu de rassemblement ; on se forme en carré, la cavalerie en avant, le convoi au milieu avec l'artillerie, puis à la sonnerie « en avant ! » tout s'ébranle et part à la fois.

Il fait encore nuit, à chaque pas on se heurte dans quelque broussaille. La marche est lourde et pesante, les hommes cheminent silencieusement, envahis par un demi sommeil. Comme il doit faire bon à cette heure-ci dans un lit !

Tant que l'agitation du départ a duré on ne

s'est pas aperçu de la fatigue, mais à présent que la monotonie de la marche a succédé au brouhaha des apprêts, le sommeil tend à reprendre ses droits, on dort en marchant et plus d'un se cogne le nez sur le sac de son chef de file.

Mais une tache blanche à l'horizon annonce que le jour va bientôt paraître. Dans une demi-heure le soleil sera levé, car ici l'aurore et le crépuscule sont choses inconnues. A sa vue les yeux s'ouvrent et les langues se délient : rien de plus bavard que le troupier sur une route, tant que la fatigue ne l'a pas rendu muet. On cause de ce qu'on vient de quitter, des incidents du départ, de ce qu'on voit sur la route et de ce qu'on pourra voir au pays où l'on va.

Aujourd'hui nous devons faire étape à Souk-el-Chériff et ce nom, horriblement estropié en circulant de bouche en bouche, fait l'objet de tous les commentaires.

. . . .

Nous voici arrivés, nous avons gaillardement fait notre étape ; il est vrai qu'elle n'était pas longue, mais n'importe, nous sommes désormais aguerris au climat et j'espère que nous le serons bientôt à la fatigue.

Dans le voisinage du camp, se trouve un *fondouck*, espèce de caravansérail servant à la fois d'auberge et de marché. Sur la façade, une fontaine et un abreuvoir, dans l'intérieur une grande cour carrée entourée d'arcades sous lesquelles on met les chevaux.

On pénètre dans la cour par un couloir voûté qui sert d'abri aux voyageurs et où s'est installé un cafetier arabe. Pour la somme de dix centimes, nous nous sommes tous payés notre demi-tasse.

Le café, moulu ou plutôt broyé très-fin, est bouilli à tout petit feu ; on le puise avec une longue cuiller pour le verser dans des tasses grandes comme un coquetier. Il faut le laisser déposer et le boire lentement, car il est servi avec le marc. Ainsi préparé, c'est un excellent breuvage, bien supérieur à celui que nous buvons en France dans les cafés, car la chicorée, qui fait la base de nos mazagrans, en est absolument bannie.

24 Août.

Nous sommes arrivés ce matin à l'étape de Cébéila.

Nous avons traversé, en arrivant, la ville de Cébéila dont les habitants passent pour très-hostiles aux Français ; cependant nous n'avons pas eu à nous plaindre d'eux, au contraire. A peine étions-nous installés, qu'ils nous apportaient en foule des fruits et de la volaille. Un véritable marché s'installait aux portes du camp et nous permettait de refaire un peu nos provisions épuisées par la dernière étape.

Dans la journée, nous sommes allés visiter la *ville* qu'en France on oserait à peine appeler un village.

Sale du reste et délabrée comme toutes les villes arabes, elle ne présente point d'intérêt.

Une chose nous a frappés : la rareté des habitants.

Nous avons demandé l'explication de ce fait à l'Arabe qui nous servait de guide et qui, en sa qualité d'ancien turco, baragouinait quelques mots de français. Il nous a expliqué qu'une grande partie d'entre eux, en apprenant notre arrivée, s'étaient enfuis dans la montagne, emmenant leurs femmes, leurs enfants et leurs troupeaux. On leur avait raconté que les Français, partout où ils passaient, pillaient les maisons et violaient les femmes.

Ces bruits qu'on fait courir, sont évidemment dus à la malveillance et colportés par nos ennemis.

Peut-être aussi notre guide ne nous a-t-il pas tout dit et ses compatriotes ne sont-ils sortis de la ville que pour se mêler aux insurgés et aller préparer la « guerre sainte » dans les solitudes de leurs montagnes.

25 Août.

A mesure que nous avançons, le pays devient plus désert. Nous ne rencontrons plus que quelques voyageurs de loin en loin sur la route, tous bien armés et l'air défiant.

Nous avons traversé quelques douars que les propriétaires semblaient avoir désertés, car on ne voyait personne aux portes.

Par exemple, une chose que j'ai remarquée en traversant les villes de Tunisie, c'est la suprême indifférence des Arabes. Quand nous passions dans les villages français, clairons en tête, toute la population accourait, les portes regorgeaient de monde, les fenêtres se garnissaient de têtes curieuses. Ici, chez des sauvages qui n'ont jamais vu un pantalon rouge, c'est à peine si ceux qui sont dans la rue se retournent pour nous voir passer. J'ai remarqué sur la route trois bergers Arabes qui gardaient un troupeau et qui nous tournaient le dos ; quand nous sommes passés pas un n'a daigné tourner la tête.

Chez eux, jamais les cris, les bousculades, les mouvements de curiosité qu'on voit chez nous. Quoi qu'on dise ou qu'on fasse, sur ces visages bronzés, jamais ne perce un sentiment de crainte ou d'étonnement; dans ces yeux ternes il est impossible de lire les passions de l'âme.

Ces gens-là nous regardent avec indifférence et peut-être avec dédain. Le fait est que nous ne brillons pas avec nos figures pâles, nos membres grêles et notre costume étriqué, auprès de ces colosses au teint cuivré, aux muscles de fer, dont le grand burnous blanc relève encore la taille.

C'est incroyable comme l'Arabe le plus pauvrement vêtu sait se draper avec majesté dans son grand manteau.

Nous sommes habitués à voir l'Arabe des villes, le misérable *Mesquine* qui s'abaisse au métier de décrotteur ou de portefaix, qui a pris du Juif ses habitudes rampantes et serviles et qu'on mène à coups de pieds. Mais quand on se trouve en face de l'Arabe nomade à la démarche grave, au geste large, on est frappé de son air de noblesse et de majesté.

La grande formule fataliste du Coran, le « c'était écrit » semble imprimée sur son front. On sent que rien ne l'émeut, qu'il méprise la vie et qu'il affrontera la mort avec la même impassibilité qu'il fume son calumet.

. . . .

Aux trois-quarts de l'étape, nous rencontrons un camp tunisien ; ce sont les troupes qui sont passées l'autre jour à Bir-el-Bey qui campent ici.

La marche est suspendue un moment : des

pourparlers s'engagent entre le commandant de la colonne et le chef tunisien. Celui-ci nous engage à nous arrêter, prétendant qu'il est dangereux d'aller plus avant, et que si nous persistons à avancer nous serons attaqués par de grandes bandes d'insurgés qui battent la campagne.

Ces craintes ont sans doute parues exagérées à notre colonel, car en dépit des remontrances de notre allié (?) il fait sonner « en avant! », la marche est reprise et nous arrivons bientôt au lieu choisi pour le camp.

Nous sommes dans une vaste plaine, fermée à droite et à gauche par des montagnes qui se resserrent un peu plus loin, formant ainsi un défilé où nous passerons demain pour arriver à Hammada.

A un kilomètre de l'endroit que nous occupons, se trouve un fondouck appelé Bordj-Aïchoun; c'est là que l'on puise l'eau nécessaire aux besoins du camp.

Cette opération n'est pas l'une des moins compliquées de la campagne. On s'occupe d'abord des hommes; dans chaque compagnie une corvée est organisée: on emporte les seaux en toile, les bidons et tous les récipients dont on peut disposer. De retour au camp, la distribution est faite entre chaque soldat qui doit user parcimonieusement de sa provision, car elle doit durer jusqu'au lendemain.

Vient ensuite le tour des chevaux : à chaque instant il faut remplir l'abreuvoir qui est fort petit, l'opération est affreusement longue et le défilé de ces malheureux animaux qui hennissent d'impatience, dure jusqu'au soir.

Un poste en armes, commandé par un officier, entoure la fontaine. Sans cette précaution, tout le monde se précipiterait à la fois, on se battrait pour un verre d'eau, et personne ne serait servi.

Malgré les appréhensions du chef tunisien, la journée s'est passée fort tranquillement, je pense que nous n'avons point d'attaque à redouter. Cet officier avait sans doute des ordres secrets pour àrrêter notre marche; probablement dans un but politique qui nous échappe.

Cependant, vers sept heures, on vient annoncer au camp que deux commerçants juifs ont été arrêtés et dépouillés sur la route de Hammada, ceci est de mauvaise augure. Reste à savoir si cette agression est le fait de maraudeurs isolés ou d'une bande de pillards faisant partie des insurgés. Avec quelques espions indigènes, nous serions bien vite renseignés, mais ce mode d'information nous fait absolument défaut. En Algérie, les colonnes sont toujours précédées par des *goumiers*, c'est-à-dire par des cavaliers arabes recrutés dans les tribus alliées. Ces goumiers, encore plus précieux pour l'espionnage que pour le combat, se mêlent aux autres Arabes dont ils n'ont rien qui les distingue, ils vont le soir dans les cafés Maures, se faufilent dans les groupes, voient ce qui se passe, entendent ce qui se dit et viennent ensuite le rapporter. C'est un service de renseignement absolument nécessaire en Afrique.

Il n'y a qu'eux qui puissent reconnaître l'Arabe d'une tribu ennemie de l'Arabe allié, car eux seuls connaissent les différents tatouages qui les distinguent. Ils savent où trouver les puits, les silos, les gués, les passages à travers les montagnes, enfin, ils servent d'interprètes.

Nous, nous marchons à l'aventure. Il y aurait dix mille ennemis cachés dans les montagnes environnantes que nous n'en saurions rien. Envoyer nos chasseurs à cheval en reconnaissance dans ce pays inconnu serait une folie. Ce serait les exposer à être massacrés en détail, sans avoir rien vu.

. . . .

Minuit. Je viens de faire deux heures de faction à la grand'garde. Tout est parfaitement calme.

En revenant au petit poste, comme je n'avais pas envie de dormir, je me suis assis sur mon sac, j'ai tiré de ma poche mon petit carnet qui ne me quitte jamais et je me suis mis à rédiger ces notes à tâtons.

La lune a disparu depuis plus d'une heure; mais sous ce beau ciel d'Afrique, les étoiles jettent encore assez d'éclat pour voir autour de soi.

Étant en faction, j'observais avec soin les broussailles qui m'entouraient, car j'avais lu quelque part que les Arabes se cachent souvent dans un buisson artificiel fait avec des branches attachées autour du corps, se rapprochent ainsi insensiblement de la sentinelle qui ne se méfie de rien et, lorsqu'ils sont à bonne portée, tombent dessus et l'égorgent avant que le malheureux ait eu le temps d'apprêter son arme.

Mais à force de regarder fixement dans l'ombre, les images dansaient autour de moi, j'étais comme pris de vertige, je croyais voir les touffes d'herbes s'animer et se rapprocher. Plusieurs fois j'ai été obligé de fermer les yeux pour dissiper l'hallucination.

Tout à coup, dans le silence de la nuit, un cri aigu s'est fait entendre, prolongé par l'écho de la montagne.

J'ai cru à un signal de nos ennemis et j'ai appelé le caporal Pinchot pour l'avertir, mais celui-ci, qui sommeillait à quelques pas, s'est contenté de m'appeler « imbécile » en me priant de me taire. D'autres cris ont répondu au premier, et cette fois j'ai reconnu l'aboiement des chacals dont le brave caporal m'avait souvent parlé en me contant ses campagnes d'Afrique et qu'il appelle des « chacails. »

Bonsoir ! Je sens le sommeil qui me gagne et comme demain matin, ou plutôt ce matin, nous partons avant le jour, je n'y résiste pas.

26 Août.

Je ne puis reprendre mon crayon qu'à six heures du soir, après une chaude journée. Chaude de toute manière, par le soleil et par le feu, car nous nous sommes battus tout le jour.

Ce matin, à quatre heures, nous venions de rentrer de la grand'garde; nous étions sur les rangs, sac au dos, prêts à partir, et l'avant-garde avait déjà commencé son mouvement, lorsque tout à coup nous avons entendu des hurlements effroyables dans la direction du fondouck. Chacun prêtait l'oreille, étonné. Nous avions entendu souvent des disputes entre les convoyeurs, nous avions entendu la musique du Rhamadan, mais rien encore qui approchât de ce vacarme.

Les hurlements allaient en se rapprochant, le capitaine racontait à ses officiers que les Arabes crient ainsi lorsqu'ils enterrent leurs morts, et nous pensions effectivement voir un enterrement déboucher sur la route, lorsqu'une fusillade terrible éclate, et une bande de démons apparaît tout à coup, poussant des cris affreux.

C'étaient les Arabes. Ils arrivaient, lancés de toute la vitesse de leurs chevaux et, pénétrant par la face du camp déjà ouverte, allaient tomber sur le convoi.

Chargez ! commande le capitaine de cavalerie, les chasseurs, déjà prêts à partir, s'élancent au galop, et en un instant les dolmans bleus et les burnous blancs se trouvent confondus dans une horrible mêlée.

Au même instant, des coups de fusils éclatent de tous côtés et les balles passent en sifflant à nos oreilles. Les quatre faces du carré sont attaquées à la fois.....

Nous n'avons pas eu trop peur, mais surpris par la brusquerie de l'attaque, un peu perdus dans le premier moment de confusion, nous ne retrouvions plus nos places de combat. Il faut toute l'énergie et tout le sang-froid de nos officiers pour nous rappeler aux principes de la théorie et nous faire disperser en tirailleurs.

C'est que l'homme, en présence du danger, se rapproche instinctivement de son voisin et la première idée est de se grouper.

Cependant, nous voilà placés et nous commençons à riposter aux coups de feu de l'ennemi. Les premiers coups de fusil partent un peu au hasard, le tir est un peu précipité, mais bientôt le calme renaît, nous rentrons sous la main de nos chefs et, grâce au jour qui vient d'apparaître, nous allons faire bon usage de nos armes.

De notre côté, pas de cavaliers ; les broussailles qui nous entourent les empêchent d'approcher, mais les gredins qui nous visent, pour être à pied n'en sont pas moins dangereux. Chaque buisson cache un ennemi. A la faveur de la nuit et en se glissant dans les herbes ils sont arrivés jusqu'à nous sans être vus. Il faut faire la place nette et les déloger d'un terrain aussi dangereux.

Les balles des fusils Gras font rage à travers les broussailles, quelques burnous s'abattent pour ne plus se relever, la position n'est plus tenable pour nos ennemis et nous voyons avec satisfaction qu'ils commencent à battre en retraite.

Maintenant la confiance est revenue, on vise attentivement et la supériorité de nos armes se fait bientôt sentir.

Les Arabes se replient lentement, défendant chaque pli de terrain, mais ils reculent toujours.

Déjà leurs coups ne nous atteignent plus, tandis que les nôtres vont les chercher jusqu'aux limites que la vue peut embrasser. Bientôt ils ont tous disparu derrière une colline qui s'élève à plusieurs centaines de mètres en avant. Quelques enragés tirent encore, mais nous nous moquons d'eux ; on ne se donne plus la peine de leur répondre.

Nous pouvons alors respirer un peu et regarder ce qui se passe derrière nous.

Les braves chasseurs ont réussi à refouler les premiers cavaliers, mais d'autres sont revenus à la charge, plus furieux que jamais. Cette fois on les attend de pied ferme, une pluie de balles s'abat sur eux et les force à tourner bride. Sans perdre courage, d'autres viennent les remplacer et subissent le même sort.

Le même manège s'est peut-être renouvelé vingt fois ce matin. L'Arabe ne se décourage pas facilement, quand il se voit arrêté par les balles, il fuit au galop, mais, l'instant d'après, il revient et renouvelle sans cesse son attaque, espérant lasser à la fin son ennemi ou tout au moins lui tuer quelques hommes. Heureusement que les coups de fusil du cavalier sont mal ajustés et c'est pur hasard si sa balle vient atteindre quelqu'un.

La lutte que je viens de décrire en quelques minutes dure déjà depuis quatre heures, mais cette fois les Arabes battent sérieusement en retraite et l'on voit les derniers cavaliers s'enfoncer dans la montagne ou dans les bois d'oliviers qui bordent la plaine. L'artillerie vient achever leur déroute et notre batterie qui, depuis un moment, a pris position, les poursuit de ses boulets jusque dans leurs repaires. Les canons sont braqués derrière nous au milieu du camp et les boulets passent par dessus nos têtes pour aller tomber au milieu des ennemis.

On a dit qu'il ne fallait jamais mettre des canons en arrière d'une ligne de tirailleurs, pour ne pas impressionner les hommes par une détonation soudaine éclatant derrière eux. C'est une erreur. Le troupier, sans être très fort en balistique, sait fort bien qu'il ne sera pas atteint par la courbe du boulet, il est enchanté de se sentir soutenu par l' « ami canon ». Quand il l'entend gronder, il suit des yeux l'obus comme s'il pouvait le voir parcourir l'espace, et c'est une vraie joie quand le projectile éclate au milieu d'un

5.

groupe qu'il disperse comme une volée de moineaux. . . . .

. . . .

On profite du moment de répit que nous laissent messieurs les Arabes pour faire le café. La grande écuelle circule de main en main sur la ligne de combat et chacun en prend sa part sans quitter son poste, son *quart* dans une main et son fusil dans l'autre.

En écartant les pans de ma capotte pour prendre un morceau de pain dans ma poche, mes doigts s'enfoncent dans l'étoffe : je regarde et j'aperçois les deux trous ronds d'une balle qui a traversé un pli. Voilà un morceau d'étoffe qu'il faudra que je vole au gouvernement pour le garder comme souvenir !

Pendant que nous mangeons, un conseil a été tenu entre les officiers supérieurs. Comme la journée est déjà avancée, il a été décidé qu'on camperait près d'ici, sur un mamelon situé à côté du camp tunisien et nous nous mettons en marche pour aller l'occuper.

A peine sommes-nous en mouvement que les Arabes réapparaissent comme par enchantement ; les cavaliers accourent à toute bride, sortant de tous les coins de la montagne. Un cri, un signal a suffi et les voilà tous en mouvement. Quel instinct de la guerre ont ces gens-là et quelle admirable cavalerie de contact on aurait si on pouvait les utiliser dans une guerre européenne !

Les fantassins ne sont pas moins prompts à se rallier que les cavaliers et nous sommes tout surpris de voir des coups de fusil partir devant nous, dans des endroits qu'on croyait abandonnés depuis longtemps.

Après avoir combattu de pied ferme, nous allons nous battre en marchant, ce sera du nouveau.

Mais déjà nous sommes aguerris, nous avons confiance dans la puissance de nos armes et cela seul suffit à nous donner l'audace de vieux troupiers.

Aussi il faut voir avec quelle ardeur nous gravissons la colline derrière laquelle se cachent nos ennemis. A peine sommes-nous arrivés au sommet qu'une fusillade nourrie nous accueille. Un gros d'ennemis embusqués sur notre droite, derrière une forte haie, cherche à nous prendre en flanc et nous envoie une grêle de balles qui sifflent désagréablement à nos oreilles. Ma section est désignée pour les débusquer. Nous faisons face de leur côté par une conversion rapide, et sous le commandement de l'officier, nous envoyons à ces audacieux quelques feux de salve bien ajustés qui les ont bientôt fait déguerpir.

Toute la ligne de tirailleurs est maintenant sur la crête. De là-haut, on voit les Arabes se replier en grandes masses à travers la plaine et se diriger vers la montagne.

C'est le moment d'inquiéter leur retraite. Nos ennemis s'en vont lentement, se fiant à la distance qui les sépare de nous ; mais ils ne connaissent pas encore toute la puissance de nos armes. A douze et quinze cents mètres nous leur envoyons des gerbes de balles qui les fauchent sans pitié.

C'est là que nous avons pu admirer l'excellence de nos fusils et le parti qu'on peut tirer de leur portée. Pour moi, la question des feux d'infanterie à grande distance, dont on a si souvent contesté l'utilité, est désormais résolue sans conteste.

L'artillerie nous suit de près, les pièces sont aussitôt mises en batterie et quelques coups de canon achèvent l'œuvre que les fusils ont si bien commencée.

Les soldats étaient tout joyeux quand ils voyaient les obus soulever leur cône de poussière au milieu d'un groupe d'ennemis, les chevaux partaient aussitôt ventre à terre, mais plusieurs se sauvaient sans cavaliers. A la fin, cependant, les Arabes, avec leur instinct du combat, avaient compris la manœuvre à faire : aussitôt qu'il voyaient la fumée du coup de canon, ils se dispersaient de tous côtés, et le projectile en arrivant trouvait la place vide.

Du reste, j'ai admiré le calme de nos ennemis dans cette retraite, comme j'avais admiré leur courage pendant le combat; ils se retiraient tranquillement, sans cris et sans débandade, n'ayant pas l'air de s'apercevoir qu'une pluie de balles tombait autour d'eux.

Plusieurs ont poussé l'audace jusqu'à venir tirer leur dernière cartouche à deux ou trois cents mètres de nous : ils arrivaient au petit galop, tiraient une dernière fois et s'en allaient du même train. C'était comme un salut. Quelques-uns ont payé de leur vie cette bravade.

Avec des pièces de campagne de 80 ou de 90 millimètres, nous aurions pu poursuivre les Arabes bien plus loin ; mais il est admis que les petits canons de montagne, portés à dos de mulet, sont seuls possibles en Afrique. Encore un étrange préjugé qui nous a porté plusieurs fois préjudice pendant cette guerre.

Il est quatre heures du soir, nous nous arrêtons sur les positions conquises et immédiatement on se met en devoir de s'y établir solidement. Les broussailles sont coupées tout autour du camp et l'on nous fait creuser en avant de chaque front une petite tranchée dans lalaquelle nous passerons la nuit.

Ici, encore une fois, je suis obligé de constater l'insuffisance de notre matériel. Au lieu de ces bons gros outils de terrassiers qu'on nous donnait aux grandes mauœuvres, nous n'avons pour exécuter notre travail que les petits outils à main qu'on attache en travers sur le sac. Ce sont des jouets d'enfant. Pelles et pioches sont beaucoup trop légères pour pénétrer un sol inculte et dur comme la pierre, et comme les manches sont en tout longs comme le bras, il faut se mettre à genou pour manier ces misérables instruments !

En Europe où l'on trouve à chaque instant des fermes et des usines munies d'ustensiles de toute sorte, on juge utile d'attacher à chaque compagnie un mulet porteur d'outils. Ici, où l'on ne trouve rien, on n'a pas même de quoi couper le bois pour faire cuire la soupe.

Nous avons mis trois heures à exécuter un travail qui règlementairement doit se faire en quarante minutes, et seulement alors nous avons songé à prendre quelque nourriture. J'avoue que le besoin s'en faisait vivement sentir ; car, depuis ce matin, nous n'avions qu'une tasse de café dans l'estomac.

Cette nuit, nous coucherons tous dans la tranchée, la moitié des hommes pourra dormir, pendant que l'autre moitié veillera.

27 Août.

Cette nuit, les Arabes nous ont laissés en

paix, mais je ne puis en dire autant de ces maudits soldats tunisiens qui campent auprès de nous. Leurs factionnaires répètent sans cesse un certain mot *balek* qui remplace le « sentinelle prenez garde à vous » en usage chez nous dans les prisons. Ce *balek* crié ou plutôt hurlé sans interruption dans tous les coins du camp, toujours avec la même intonation traînante et sur le même ton plaintif, est un vrai supplice, je vous assure, pour ceux qui sont obligés de le subir pendant toute une nuit.

Ces braves gens eussent mieux fait de nous laisser dormir tranquilles et de nous aider un peu plus pendant la journée d'hier. S'ils s'étaient mêlés à l'action le moins du monde, les Arabes qui se trouvaient entre leur camp et le nôtre, étaient pris entre deux feux, il n'en réchappait pas un.

Mais ils ont trouvé plus prudent de rester neutres.

Vers la fin seulement, lorsque la victoire nous était acquise, ils ont fait semblant de braquer sur les insurgés un de leurs petits canons verts dont le boulet a été se perdre au milieu de la plaine. Farceurs va !

Quoiqu'il en soit, si les Arabes ne sont pas revenus nous attaquer cette nuit, c'est bon signe. Cela veut dire qu'ils ont reçu une bonne frottée et qu'ils n'ont pas envie de recommencer de si tôt.

Peut-être se sont-ils retirés tout à fait, pourtant j'en doute. Ils doivent être en train d'ensevelir leurs morts et ils reviendront ensuite nous attaquer.

Il paraît que nous avons eu affaire aux Zlass, une des tribus les plus féroces de la Tunisie. D'après le rapport d'un espion, rentré ce matin au camp tunisien, ils sont cinq ou six mille autour de nous, cachés dans les montagnes.

Au moment où ils ont commencé à nous attaquer, leur avant-garde venait seulement d'arriver.

Ils ont perdu, dit-on, cent cinquante hommes dans la journée d'hier, parmi lesquels plusieurs chefs. . . . .
. . . .

Même jour, quatre heures.

Nous venons d'être attaqués encore une fois.

6

Une corvée d'eau était partie, escortée par la 3e compagnie, se dirigeant vers le puits d'Arouba, situé à deux kilomètres du camp. A peine avait-on tiré les premiers seaux que nous voyons une vingtaine de cavaliers arabes déboucher dans la plaine et se diriger sur nous au grand galop.

Nous les avions déjà couchés en joue, mais on nous fait relever nos armes ; c'étaient les spahis tunisiens qui fuyaient devant l'ennemi. Ils étaient partis pour fourrager et, à cinq ou six kilomètres, avaient rencontré les Zlass qui leur étaient tombés dessus à l'improviste.

Les cavaliers ennemis apparaissent bientôt à la suite des spahis et cette fois on ne se contente pas d'épauler, des salves nourries les arrêtent à bonne distance.

Mais ils reviennent à la charge ; devant nous est un bois d'oliviers d'où ils sortent en quantité.

Suivant leur tactique habituelle ils tourbillonnent autour de nous, cherchant à nous envelopper.

Heureusement que les précautions sont prises: du camp on observe tout ce qui se passe avec de bonnes lunettes.

L'artillerie commence à tonner, les chasseurs arrivent au galop et deux compagnies toutes prêtes à marcher s'avancent au pas de course.

Nous sommes dans une plaine découverte où les fusils Gras ont beau jeu ; aussitôt qu'un cavalier zlass arrive à portée une grêle de balles s'abat sur lui et plus d'un tombe mortellement frappé.

Les Arabes ont bien vite compris leur infériorité et après quelques charges inutiles, ils se décident à battre en retraite. Pendant tout le temps du combat la corvée a continué son travail et elle l'achève sans être inquiétée de nouveau.

Nous avons capturé deux chevaux ennemis qui sont venus se jeter dans nos lignes. Un des spahis du Bey a été tué.

En se retirant, les Zlass ont fait mine d'attaquer le camp tunisien. Cette fois les soldats du Bey se sont décidés à faire usage de leurs armes et quelques coups de fusils ont été échangés. A la bonne heure! Voilà l'armée tunisienne compromise et forcée de prendre parti pour nous.

28 Août.

Nous n'avions encore rien vu! Il nous était réservé d'assister à un combat de nuit bien autrement dangereux que toutes les luttes soutenues jusqu'à présent.

Combattre en plein jour est peu de chose quand on est bien préparé à recevoir l'ennemi, qu'on le voit venir de loin et qu'on sait où l'atteindre ; mais lutter dans l'ombre contre un adversaire invisible qui arrive en rampant et qui retrouve dans cette guerre de sauvages tous ses avantages naturels, voilà qui est vraiment terrible.

Jusqu'à minuit tout est resté calme. La lune éclaire la campagne comme en plein jour, les Arabes n'oseraient jamais s'avancer à sa clarté contre un camp fortifié. Malheureusement elle disparaît bientôt, laissant tout ce qui nous environne plongé dans une obscurité profonde.

Nos ennemis en ont profité pour se glisser jusqu'à nous à travers les herbes comme une armée de reptiles. Changeant leur tactique habituelle, ils sont arrivés sans bruit. Rien ne saurait faire soupçonner leur présence et pourtant ils sont là couchés dans les broussailles, le poignard à la main et n'attendant qu'un signal pour nous assaillir.

Un coup de feu part sur notre droite, un hurlement de douleur lui répond, suivi de mille cris féroces.

Une sentinelle de garde à la tranchée a vu remuer une ombre et a fait feu. Les Arabes se voyant découverts se lèvent tous à la fois comme une armée de fantômes sortant de terre. Immédiatement, la fusillade éclate ; à la lueur des coups de fusils nous voyons une forêt de burnous qui entoure le camp.

Dans l'impossibilité de viser, chacun tire devant lui au hasard, un coup n'attend pas l'autre, c'est comme un roulement de tonnerre ; les balles sifflent de tous côtés ; nous sommes environnés d'une épaisse fumée, on ne voit plus, on n'entend plus, mais on tire toujours.

A la fin cependant, la fusillade se ralentit, je regarde autour de moi cherchant à me rendre compte.

Soudain, un éclair illumine l'intérieur du camp,

je n'ai que le temps de me baisser et j'entends passer la gerbe en sifflant.

C'en est fait, les Arabes ont envahi nos lignes et percé le carré, nous sommes tournés !

Il faut vous dire que le camp est assis sur deux mamelons voisins séparés par un petit ravin que gardent deux ou trois sentinelles. C'est dans ce ravin qu'une troupe de Zlass a réussi à se glisser après avoir égorgé les factionnaires ; par là ils ont grimpé sur la colline, et, cachés dans une épaisse broussaille il nous fusillent par derrière.

Heureusement, la troupe de réserve placée derrière nous les a aperçus ; la lutte s'engage et au bout d'un instant ils sont chassés de leur position.

En repassant dans le ravin ils essuient nos coups de fusils et laissent plusieurs morts et un drapeau sur le terrain.

Tout cela se passait dans l'obscurité la plus profonde, nous n'étions guidés que par la lueur des coups de fusils, et ce matin seulement, quand le jour s'est levé, nous avons pu nous rendre compte des incidents du combat.

Cette première attaque pendant laquelle la

fusillade n'a pas décessé, a duré trois bons quarts d'heure. Un calme relatif y succède. On entend dans la plaine le râle des mourants et le hennissement des chevaux démontés qui galopent de tous côtés, ne sachant où diriger leur course.

Les Arabes se sont retirés, mais leurs cris indiquent qu'ils ne sont pas loin. On les entend s'appeler entre eux ; évidemment ils préparent une nouvelle attaque. S'ils ne sont pas encore revenus, c'est qu'ils sont occupés à ramasser leurs morts : devoir sacré auquel ils ne manquent jamais.

Que n'a-t-on pensé à pourvoir nos colonnes d'un appareil électrique ? Avec un jet de lumière promené sur le champ de bataille, nous saurions à quoi nous en tenir sur les intentions de nos ennemis et nous les verrions venir de loin. Il serait facile de mettre un instrument de ce genre dans un des caissons de la batterie. Mais parce que c'est une chose utile et même nécessaire, on s'est bien gardé d'y songer.

. . . .

Les cris se rapprochent, j'entends, dominant les autres, la voix puissante d'un chef ralliant ses hommes et les exhortant au combat.

Mais cette fois on est prévenu, un feu terrible accueille les Arabes et les force à la retraite.

Une fois encore ils tentent l'assaut, mais sans plus de succès.

Enfin le jour paraît et vient nous délivrer de ces fanatiques. A l'aube on les voit sortir des ravins, remonter à cheval et se diriger rapidement vers les montagnes.

L'artillerie, qui est restée muette toute la nuit, faute de savoir où diriger ses coups, reprend alors son rôle et leur fait une chaude conduite.

Le soleil se lève, éclairant le champ de bataille.

De nombreux cadavres jonchent les flancs du mamelon, car les Arabes n'ont pu revenir assez près pour enlever les morts du premier combat.

Presque tous sont couchés sur le dos, fièrement drapés dans leurs bournous, les yeux fixés au ciel.

Près de nous, dans le fond du ravin est étendu le porte-drapeau arabe. C'est un homme magnifique, jeune encore, aux traits fins et distingués. Il serre dans sa main crispée la hampe de son étendard. A la finesse de ses vêtements on reconnaît un chef.

Quelle bravoure et quel fanatisme il a fallu à ces hommes pour venir par trois fois affronter la mort à trente pas de nos lignes, malgré la pluie de balles qui fauchaient la plaine !

Pour eux, la mort c'est le paradis. Mahomet a prédit le ciel à tout guerrier qui meurt en face de l'ennemi et l'on ne peut admirer assez la puissance d'une religion qui inspire de pareils actes de courage.

Après avoir admiré l'audace de nos ennemis, j'ai le droit de m'indigner de leur férocité : je faisais partie d'une patrouille chargée de parcourir le champ de bataille ; à une centaine de mètres en avant de nos lignes nous trouvons les cadavres des sentinelles qui gardaient le ravin. Les Arabes les ont traînés jusque-là et les ont horriblement mutilés. Un de nos malheureux camarades d'escouade est méconnaissable, les sauvages lui ont crevé les yeux, arraché la langue et les oreilles ! Pour reconnaître son identité nous sommes obligés de regarder son numéro matricule. Presque tous ont les doigts coupés sauf le pouce : chez les Musulmans c'est une marque d'infamie qu'on ne fait subir qu'aux malfaiteurs.

Tous ces trophées sanglants seront colportés de tribu en tribu et grâce à eux les Zlass feront croire qu'ils ont vaincu un corps d'armée. Voilà pourquoi, sans parler du côté humanitaire, il est si important de ne jamais laisser un mort aux mains des Arabes.

En revenant au camp, nous trouvons des sacs éventrés que nos ennemis ont pillé dans le camp. Ils ont coupé la patelette avec leurs couteaux affilés comme des rasoirs et pris les cartouches, méprisant tout le reste.

Hélas ! nos infortunés camarades de la 3e, ne sont pas les seules victimes de cette horrible nuit : deux officiers et une douzaine de soldats sont morts au champ d'honneur. On va leur rendre les derniers devoirs et les ensevelir ici, car il a été décidé qu'on partirait tout à l'heure.

En effet, notre position commence à devenir impossible.

Sans cesse harcelés, sans communication avec les autres troupes, sans moyens de ravitaillements, nous sommes sur cette montagne comme des naufragés dans leur île.

D'ailleurs nos munitions s'épuisent, il ne faut pas attendre qu'elles soient à bout.

Hammada est peut-être au pouvoir des insurgés, le défilé qui y conduit est certainement occupé par les Zlass et nous ne pourrions le franchir sans y laisser une partie du convoi, aussi nous allons battre en retraite et nous replier sur Bir-el-bey.

Quant aux troupes tunisiennes il n'y a plus à compter sur elles ; pendant toute la nuit dernière elles se sont tenues coi. Ce que je trouve bizarre, c'est que leur camp n'ait pas été attaqué par les Zlass. Cela ne peut être que le résultat d'une convention passée entre eux et les insurgés. D'ailleurs, parmi les morts on en a trouvé qui portaient l'uniforme des zouaves tunisiens. Ceci est significatif !

29 Août.

A neuf heures, nous levons le camp. Les préparatifs ont été vivement faits, toutes les précautions ont été prises pour que les Arabes ne se doutent pas du mouvement, mais malgré notre vigilance, ils ont tout vu, car à peine les tentes sont-elles abattues, qu'on les voit surgir de tous côtés !

Les ordres sont donnés minutieusement pour la marche qui sera menée le plus rapidement possible.

Beaucoup de chevaux ayant été tués par les balles ennemies, on abandonne du convoi tout ce qui n'est pas absolument nécessaire.

L'avant-garde descend d'abord dans la plaine, puis le convoi encadré dans les compagnies du centre ; enfin l'arrière-garde.

Je fais partie de celle-ci : à peine sommes-nous en bas du mamelon, qu'une bande de pillards ennemis a gravi l'autre versant, nous les voyons sauter sur les caisses à biscuits et se mettre en devoir de les éventrer. On n'a pas idée d'une pareille agilité et d'une pareille audace !

Il souffle un siroco violent qui nous brûle le visage et nous aveugle de poussière. Pourtant, c'est le moment d'y voir, car les Arabes nous entourent et toute notre marche ne sera qu'un long combat.

Tant que nous avons été en plaine, nous avons pu tenir les Zlass à distance. De temps en temps, quand les cavaliers arabes se rapprochaient et devenaient trop pressants, on sonnait « halte ! »

Alors un officier commandait le feu et quelques salves bien ajustées les faisaient disparaître au galop.

Mais quand il a fallu traverser les bois d'oliviers qui avoisinent Cébéïla, la marche est devenue plus dangereuse : ici, les cavaliers étaient remplacés par des fantassins embusqués derrière les arbres et les haies de cactus, et souvent nous avons essuyé des coups de fusil à bout portant. Aussi nos balles faisaient rage à travers les bois, et nous n'avancions qu'en lançant de chaque côté de la route une véritable pluie de feu. C'est ainsi que nous avons pu franchir ce passage difficile et gagner les champs de Cébéïla où nous avions campé cinq jours avant.

Malgré la fatigue de la nuit précédente et la longueur de la marche qui a duré depuis neuf heures jusqu'à quatre heures du soir, personne n'est resté en arrière. C'est qu'on savait ce qui attendait les traînards. Le sort de nos malheureux camarades, égorgés et mutilés dans les plaines d'Arouba, ne laissait pas le moindre doute à cet égard ! Aussi, la perspective d'être débités en petits morceaux a-t-elle donné des jambes aux plus faibles. Jamais on n'avait marché avec autant d'ensemble !

A peine arrivés, on s'occupe de déblayer les abords du camp et de creuser la tranchée. Il faut se hâter, car la nuit nous talonne, aussi chacun travaille avec ardeur. Ceux qui n'ont pas d'outils enlèvent la terre avec leur gamelle en guise de pelle, ou même avec les mains.

Tout notre espoir pour le repos de cette nuit est fondé sur la lune qui ne se couchera pas avant une heure du matin.

C'est à regret que nous la voyons s'éclipser derrière les montagnes, d'autant plus que ce vent furieux a rempli l'atmosphère d'une poussière nuageuse qui rend la nuit plus obscure encore.

Bientôt nos craintes semblent devoir se réaliser, car dans la direction de Cébéïla on entend un grand tumulte de voix auxquelles se mêlent les aboiements furieux des chiens.

Nous nous tenons prêts à toute éventualité, le doigt sur la détente. Et cependant, tel est l'empire de la fatigue que beaucoup d'entre nous sont gagnés par le sommeil et s'endorment tout debout dans la tranchée ! Il faut qu'à chaque instant un sous-officier passe derrière le rang, et s'assure que chacun repond bien à l'appel de son nom. . . . .

. . . .

Nous ne saurons jamais ce qui s'est passé à Cébéïla, cette nuit, mais ce qu'il y a de sûr, c'est que le jour s'est levé sans qu'un coup de fusil ait été tiré.

Le vacarme s'était apaisé avant l'aurore. Il est probable que les Arabes se rassemblaient pour nous attaquer mais que, voyant la nuit trop avancée, ils ont renoncé à leur projet.

30 Août.

Nous allons faire d'une seule traite le chemin qui nous sépare de Bir-el-bey. En partant, nous avons à traverser la ville de Cébéïla. Il est à craindre qu'elle ne soit occupée par les insurgés, mais nos précautions sont prises.

Hier au soir, notre commandant qui parle et écrit l'arabe, a envoyé aux habitants un petit billet ainsi conçu : « Demain matin, nous traver-« sons Cébéïla. A la moindre tentative de résis-« tance la ville sera bombardée et détruite. Tout « habitant coupable d'une aggression contre les « Français sera passé par les armes. »

C'est ainsi qu'il faut parler et agir chaque fois qu'on a affaire aux Arabes. Vouloir faire de la diplomatie avec des gens qui ne comprennent que la force est absurde. Que ceux qui veulent parler raison à des sauvages, aillent eux-mêmes prêcher leur mission !

Avant la campagne, quand je lisais les articles de quelque écrivain compatissant qui s'indignait de la cruauté des Français et s'apitoyait sur les souffrances des bons *Khroumirs* dont on brûlait les tanières, j'étais presque tenté de l'écouter. Aujourd'hui que je sais à quoi m'en tenir, je hais ces diseurs de fadaises; apôtres de la clémence, qui font de la sensiblerie à bon marché et qui parlent de l'Afrique du fond de leur fauteuil capitonné

Tous ceux qui ont fait la guerre d'Afrique et qui pensent avec moi que la vie de dix Arabes ne vaut pas celle d'un Français, absoudront le général Pélissier enfûmant ses ennemis dans les cavernes de la Kabylie et seront d'avis que pour faire la guerre à des sauvages, il faut être sauvage comme eux.

Vouloir vaincre les Arabes uniquement par le sort des armes est une utopie : ils ont pour eux leurs montagnes et le désert où vous ne les atteindrez jamais !

Si vous voulez les chasser d'un pays, il faut brûler leurs récoltes, tarir leurs puits, couper leurs oliviers, vider leurs silos !

Ce système n'était pas à suivre en Tunisie, parce qu'on ne voulait pas faire la conquête du pays, mais alors la guerre devenait inutile, il suffisait d'occuper les ports de commerce.

Après cette digression où je me suis laissé entraîner par une belle indignation, je reprends mon récit. . . . .

Je suis à l'avant-garde, nous entrons à Cébéïla, clairons en tête et fusils chargés, marchant de notre air le plus martial, mais aussi le plus vite possible, car il s'agit d'aller prendre position de l'autre côté de la ville, pour garder toutes les issues et favoriser le passage du corps principal.

Presque en même temps que nous, des compagnies tournent la ville par les deux côtés et nous rejoignent à la sortie. Cébéïla est maintenant complètement entourée par nos lignes. Au moindre signe d'insurrection elle serait enlevée d'assaut.

En passant dans la grande rue, nous avons vu des figures sinistres et des regards peu sympathiques braqués sur nous, mais pas un Arabe n'a bougé, le petit billet avait produit son effet !

Mon guide de l'autre jour était là, il m'a reconnu et m'a crié en français « Bon courage ! bon courage ! » J'avoue que je me serais fort bien passé de ses souhaits qui m'ont paru quelque peu ironiques.

La moitié de la colonne a maintenant traversé la ville, il est clair que nous ne serons pas inquiétés. Bientôt la dernière voiture du convoi a passé et nous pouvons reprendre la marche.

Par précaution, on envoie quelques obus dans

les bois d'oliviers qui bordent la route, mais c'est fini, les Zlass ont abandonné leur poursuite et notre retraite pourra s'achever tranquillement.

A Souk-el-Chérif, nous nous arrêtons un instant pour prendre un peu de repos et puiser de l'eau à la fontaine, mais nous repartons au bout d'une heure, car il a été décidé qu'on arriverait à Bir-el-Bey, ce soir même.

Cette étape, la plus longue que nous ayons faite jusqu'à présent, a été aussi la plus pénible. Nous venons de faire quinze kilomètres ; nous en avons encore douze à parcourir aux heures les plus chaudes de la journée : pour des gens qui ont passé trois nuits sans dormir, c'est dur !

Cependant, après une heure de route, nous voici au bord de la mer. Cette vue nous reconforte. La mer c'est le trait d'union entre la France et nous ! Ce beau golfe bleu où les yeux se reposent avec bonheur, c'est un coin du monde civilisé que nous retrouvons après avoir erré dix jours au milieu du désert. Ces gros points noirs au milieu des flots, ce sont nos vaisseaux. Cette ligne blanche à l'horizon, ce sont les murs de la Goulette, une ville amie, presque une ville française ! Quand donc reverrons-nous son port pour nous y embarquer et faire voile vers la France ? Jamais je n'avais si bien compris ce qu'on appelle le mal du pays !

Enfin, voici le palais de Bir-el-Bey !

Sa grosse masse carrée se détache en blanc sur le flanc des montagnes. Jamais ce pâté de maisons, massif et laid, ne nous avait fait tant de plaisir à voir !

Il est encore bien loin, car dans ces déserts où l'œil franchit des espaces immenses sans se reposer sur le moindre objet, les distances se rapprochent d'une façon incroyable.

N'importe, il suffit qu'on voie le but ! Là nous nous reposerons, se dit le malheureux troupier courbé sous le poids de son sac. Et cette espérance lui donne la force de porter encore son fardeau et de marcher jusqu'au bout.

J'ai admiré dans cette marche la vigueur des petits chevaux arabes, qui, tout maigres et tout décharnés qu'ils sont, arrivaient gaillardement à l'étape après avoir galopé toute la journée sur les flancs de la colonne chargés de leur lourd paquetage. J'aurais volontiers changé ma place avec un de leurs cavaliers et je me faisais cette réflexion que pour traverser ces plaines immenses où le soleil et la chaleur anéantissent les forces de l'homme le plus vigoureux, il faudrait organiser des régiments de fantassins montés ; une sorte d'infanterie à cheval ou du moins à dos de mulets.

Dans un pays tempéré, l'homme vaincra toujours à la longue l'animal le plus robuste, mais ici il n'en est pas de même. Le cheval arabe et le mulet supportent mieux que nous la chaleur, la soif, le manque de nourriture.

Exposés tour-à-tour aux brûlures du soleil et au froid de la nuit, ils résistent quand même, et le vétérinaire a rarement des insolations ou des fluxions de poitrine à constater.

Le mulet surtout, par son tempérament robuste, sa structure qui lui permet de porter les plus lourds fardeaux, son pied si sûr dans les passages difficiles, est un animal des plus précieux.

Il s'acclimate assez vite, et là encore je suis obligé de constater sa supériorité sur l'homme ; car il est prouvé maintenant que l'Européen ne se fait jamais complètement au climat d'Afrique.

Dans les déserts sans eau où le cheval et le mulet deviennent impossibles, pourquoi n'organiserait-on pas des régiments montés à dos de chameaux, analogues à ceux que Bonaparte fonda en Égypte ?

Je crois que nos camarades d'Algérie, lancés à la poursuite de Bou-Amema, seraient bien heureux de posséder maintenant un pareil moyen de locomotion.

Si l'on veut se mêler de poursuivre les Arabes, et lutter de vitesse avec eux, il faudra forcément en venir là.

. . . .

Nous voici arrivés, mais dans quel état, grand Dieu !

Les visages sont noirs de poudre, les cheveux gris de poussière, les mains se sont écorchées dans les broussailles, la sueur a fait avec la boue et le sang un mélange que je renonce à vous décrire ! Les joues sont hâves, les yeux cernés, injectés de sang, le cuir de l'équipement est devenu tout blanc de noir qu'il était et sec comme un vieux parchemin. Les pantalons sont effilochés, les capotes déchirées, les souliers craquent de partout. Des plaques de boue sont collées aux genoux, aux coudes et à l'endroit de l'épaule où s'appuie la crosse. Une fois lavés nous pourrons voir la couleur de notre peau qui doit être plus bronzée que celle des Arabes.

Heureusement que nous sommes ici au bord de la mer. Dieu, qu'un bon bain est nécessaire!

31 Août.

Nous voilà réinstallés dans ce même camp de Bir-el-bey d'où nous sommes partis il y a dix jours comptant bien ne jamais le revoir! Nous le retrouvons avec joie, ce camp qui nous ennuyait tant, que nous étions si heureux de quitter! C'est que nous avons passé par de rudes épreuves pendant ce court espace de temps et rien ne fait apprécier les douceurs de la tente comme trois nuits passées à la belle étoile.

C'est aujourd'hui qu'on peut juger des fatigues endurées, des privations subies, de tous les maux soufferts pendant l'expédition. Celui qui veut s'en rendre compte n'a qu'à compter le nombre de malades qui assiègent ce matin la tente du docteur. L'ami Patureau est devenu complètement sourd et comme imbécile ; il paraît que c'est un cas de commotion cérébrale qui se produit assez fréquemment après les grandes fatigues et les longs combats.

Il est urgent de faire une évacuation de malades, car outre les blessés nous avons un grand nombre de fiévreux.

Pauvre gens! Avant d'arriver à la Goulette où se trouve l'hôpital, ils sont destinés à être cahotés trois heures durant, à travers d'affreux chemins remplis d'ornières, sur les mauvaises charrettes arabes aux planches mal jointées.

Et puis, la route est-elle sûre? Rien n'est moins certain. Il paraît que des bandes de Zlass nous ont suivies jusqu'ici et rôdent la campagne. Témoin ces colonnes de fumée qui s'élèvent à différents points de l'horizon et qui indiquent d'une façon sinistre le passage des pillards et des incendiaires.

S'il arrivait malheur à nos pauvres blessés!

Quelle triste perspective et quel déshonneur réjaillirait sur nous !

Cependant, la colonne de voitures est formée, les malades sont installés tant bien que mal sur des toiles de tente et des nattes de jonc en guise de matelas, on leur adjoint une escorte de quelques hommes et le triste convoi commence à défiler.

La garde présente les armes, les clairons sonnent aux champs, tout le monde se découvre.

J'ai souvent assisté à de pompeuses cérémonies dont la troupe faisait le principal ornement, j'ai vu toute la garnison de Paris sous les armes, j'ai vu des hommages magnifiques rendus à des gens plus ou moins illustres, mais je n'ai jamais rien vu qui m'ait fait autant d'impression que ces simples honneurs rendus à nos blessés.

Je me souviendrai toujours de ces figures blêmes défilant devant nous une à une, de ces moribonds se soulevant sur leur couche pour nous envoyer un dernier adieu, et nous, pieusement découverts, saluant ces victimes du devoir dont plusieurs paieront de leur vie la dette de sang que nous devons tous à la patrie.

Mais en les regardant, une pensée affreuse

nous torture, il nous semble lire dans les yeux de nos pauvres camarades comme un reproche de les laisser partir ainsi seuls, sous la protection insuffisante d'une dizaine de baïonnettes, au milieu d'un pays infesté d'ennemis.

Faudra-t-il donc que la mort ait épargné tous ces braves gens, sur le champ de bataille, pour les livrer ainsi sans défense au couteau des Arabes ?

Mais non, ceux qui ont la haute mission de nous conduire au combat, ont trop d'honneur et de bon sens pour en agir ainsi : une sage réflexion les inspire. Les premières voitures, déjà prêtes à sortir du camp sont arrêtées ; un peloton de chasseurs monte à cheval et part au galop. Ce sont des éclaireurs chargés de sonder le terrain. Ils vont parcourir la route de la Goulette, et quand ils reviendront, s'ils n'ont rien vu de suspect, les blessés pourront partir à leur tour.

. . . .

Il est neuf heures du soir ; aucune nouvelle des chasseurs partis depuis ce matin. Les blessés ont dû être descendus de voiture et transportés de nouveau sous la tente.

1er Septembre.

Cette nuit, pour la première fois depuis notre arrivée en Tunisie, nous avons vu tomber l'eau du ciel.

Toute la soirée, il avait fait une chaleur étouffante ; à dix heures du soir, le vent s'est levé et quelques grondements de tonnerre se sont fait entendre au loin. Bientôt l'orage s'est rapproché et est venu éclater avec toute sa force au-dessus de nos têtes. Les éclairs sillonnaient les flancs de la montagne de zigzags de feu, éclairant le camp d'une lumière éblouissante. A chaque instant, la foudre s'abattait sur les sommets voisins avec un bruit sec de ferraille, puis le fracas du tonnerre allait, roulant dans les gorges de la montagne, prolongé par tous les échos du massif.

C'était un spectacle curieux et effrayant à la fois, mais nous n'avions guère le temps de nous livrer à sa contemplation : il fallait veiller aux tentes et les empêcher d'être emportées par la tourmente, la toile gonflée tirait sur les cordes à les faire craquer et clapotait avec un bruit de tambours, à chaque instant il fallait replanter les piquets arrachés, le vent s'engouffrait sous le fragile toit d'étoffe avec une violence inouïe contre laquelle nous pouvions à peine lutter tous les six.

A la lueur des éclairs, on voyait tourbillonner dans l'air des papiers, du linge, des effets de toute sorte.

Parfois, une tente, trompant les efforts des soldats, partait comme une flèche et allait s'abattre à plusieurs centaines de mètres au loin. Plus d'un a dû passer sa nuit à la belle étoile, et comme la pluie a commencé à tomber ensuite à pleins seaux, je vous laisse à penser dans quel état se trouvaient ce matin les malheureux dont l'abri avait été emporté.

Pendant toute la matinée, le camp s'est employé à la recherche des effets envolés. Les papiers du trésorier avaient émigré dans chaque broussailles, tous nos gourbis ont été détruits par la tempête.

Nous sommes toujours sans nouvelle des chasseurs.

. . . .

Même jour, 9 heures du matin.

Un beau brick à vapeur vient de nous arriver, apportant des nouvelles de la Goulette. Il a été salué de hourras enthousiastes, car nous commencions à croire qu'on nous avait abandonné sur cette plage déserte !

Nous avons pu enfin savoir ce qu'il était advenu de nos camarades : à une lieue d'ici, les chasseurs ont été assaillis près d'un bois d'oliviers par une bande de Zlass qui sont tombés sur eux à l'improviste. En un clin d'œil, leur petite troupe était cernée de toutes parts. Sans se décourager, ils ont poussé une charge vigoureuse qui les a dégagé, mais ils ne pouvaient songer à revenir au camp, le chemin de Bir-el-Bey étant complètement fermé. Ils se sont alors lancés sur la route de la Goulette, poursuivis par les Arabes et n'ont dû leur salut qu'à la vitesse de leurs chevaux.

En entendant ce récit, nous avons frémi en pensant à nos blessés. Si, par malheur, on les avait mis en route hier, ils étaient tous massacrés !

Une fois à la Goulette, nos cavaliers ont pu informer les autorités de notre retour à Bir-el-Bey. Immédiatement, on nous a dépêché le brick qui vient d'arriver, mais à cause de la tourmente de la nuit dernière, il n'a pu aborder la côte que ce matin.

2 Septembre.

Le bateau à vapeur est reparti emmenant nos blessés. Cette fois, ils seront en sûreté et commodément installés. C'est la première fois que je vois faire une évacuation de malades dans des conditions convenables !

Le navire de l'État a fait place à des bateaux moins brillants d'aspect mais tout aussi utiles, car ils nous apportent des munitions et des vivres dont le besoin commençait à se faire vivement sentir.

Rien de plus pittoresque que notre petit port de Bir-el-Bey. Les barques sont amenées au plus près du rivage, tantôt avec la voile et tantôt avec le secours de la gaffe. Les mariniers maltais, agiles comme des chimpanzés, courent sur le plat-bord, grimpent dans les cordages et sautent dans la mer pour attacher les amarres. Aussitôt la manœuvre finie, un signal est donné : une centaine de soldats, nus comme des tritons, se précipitent dans l'eau, nagent vers les bateaux et vont charger sur leurs épaules les ballots de fourrage et les caisses à biscuits qu'on leur fait passer par dessus bord. Les barriques de vin sont jetées sans façon à la mer et roulées ensuite sur la grève.

Les cinquante voitures du convoi circulent sur le rivage ; les unes se dirigent vers le camp pesamment chargées, les autres reviennent à vide, emportées vers la mer au grand galop de leurs petits chevaux.

Car le cocher arabe ne manque jamais de faire *fantasia* toutes les fois qu'il en trouve l'occasion. Il faut le voir, debout sur son siège, faisant claquer son fouet, excitant ses chevaux de la voix et du geste ! Sa figure s'anime alors, il est presque beau. Et les braves petites bêtes, toutes maigres et étriquées qu'elles sont, partent comme le vent, se souvenant qu'elles ont dans les veines un peu du sang qui animait la jument du Prophète.

3 Septembre.

Ce matin, nous avons passé une revue d'effectif. Hélas, pauvres effectifs, ils sont rudement ébréchés ! Dans ma compagnie, de cent trente que nous étions en arrivant, nous sommes tombés à quatre-vingts, et dans toutes les autres, ils ont diminué dans la même proportion.

Depuis nos derniers évènements, les maladies, surtout les fièvres se sont multipliées d'une façon terrible. Cest qu'ici le moindre excès de fatigue se paye par une maladie grave. Ce qui en France se guérirait en huit jours d'infirmerie, se paye en Tunisie par trois mois d'hôpital,

On s'est enfin décidé à nous envoyer de la Goulette trois grandes tentes d'ambulance où seront réunis nos malades. Jusqu'à présent ils restaient sous la petite tente, côte à côte avec leur camarades, et pour les soigner le docteur était obligé de faire le tour du camp chaque matin. Vous comprenez combien une pareille réforme était urgente !

4 Septembre.

La température s'est un peu adoucie.

Maintenant, on voit de temps en temps quelques nuages au ciel et le matin il fait frais.

Mais adieu les bains de mer ! L'eau est devenue verte, la vague est houleuse et les barques ont toutes les peines du monde à s'approcher de la côte. Cela donne un aspect tout triste au golfe qui était si calme et si beau le mois dernier,

De nombreuses bandes de grues et de cigognes traversent le ciel et nous annoncent l'approche de l'hiver.

5 Septembre.

On vient de nous amener quatre Arabes

capturés par un de nos postes avancés. Le chef de poste les avait aperçus, rôdant d'une façon suspecte aux alentours du camp. Immédiatement on a envoyé de leur côté une section d'infanterie et un peloton de chasseurs qui sont arrivés en se dissimulant le long du rivage,

Puis les fantassins se sont démasqués tout à coup, pendant que les cavaliers tournaient les Arabes par derrière ; on a cerné nos individus et en un clin d'œil ils étaient pris, garottés et envoyés au camp sous bonne escorte. Un seul était armé, les autres étaient munis d'un simple bâton. Quoique pris en flagrant délit d'espionnage, ils ont l'air fort calmes et marchent la tête haute entre deux rangées de baïonnettes.

Une fois au milieu du camp, on les fait asseoir en attendant qu'un officier vienne les interroger. Ils restent là, impassibles au milieu du cercle de curieux qui les entourent. Pourtant, les regards dirigés sur eux ne sont rien moins que tendres et s'ils pouvaient entendre les propos qui circulent dans les groupes, je crois que, malgré tout leur flegme, ils frémiraient dans leur peau. Depuis que les troupiers ont vu leurs camarades mutilés par les Zlass, ils ne cherchent qu'une occasion pour se venger. Si on leur laissait à discrétion les Arabes qui sont là devant eux, ils ne seraient pas longs à leur appliquer la loi du talion, sans même savoir s'ils sont réellement coupables.

C'est incroyable combien la vie bestiale que nous menons et les horreurs que nous avons vues, ont fait naître de brutalités dans nos cœurs !

Cependant le commandant, aidé par un interprête, a commencé son interrogatoire. Le premier inculpé est un homme d'une quarantaine d'années, ses traits sont distingués, ses gestes nobles, à la finesse de son linge, il est facile de reconnaître un *Arabe de grande tente.*

Il répond en peu de mots aux questions qu'on lui adresse. L'officier qui l'interroge est le seul dans tout le camp qui parle arabe et qui puisse comprendre ses réponses ; mais aux gestes de l'accusé il est facile de voir qu'il se défend énergiquement de pactiser avec nos ennemis. Cependant l'interprète arabe a prétendu reconnaître sur sa poitrine le tatouage de nos bons amis les Zlass ; aussi malgré toutes ses protestations on se gardera bien de lui rendre une liberté qu'il s'empresserait probablement d'employer contre nous.

Le second prisonnier est un jeune homme imberbe, aux traits fades, à la figure pâle, à la voix grêle, sa physionomie est bien moins énergique que celle de ses compagnons, à deux ou trois reprises il semble prêt à pleurer. Lorsque son interrogatoire est terminé ils se précipite aux genoux du commandant comme pour lui demander grâce et cherche à embrasser le pan de sa tunique. Mais celui-ci le repousse avec dégoût. Il paraît que ce peu intéressant personnage est tout bonnement le *mignon* du premier. Les Arabes riches se payent souvent le luxe de pareils compagnons. Les deux autres Arabes sont des serviteurs du premier, des gens de la dernière classe, leurs traits sont durs et repoussants; l'un d'eux avec ses yeux à fleur de tête a l'air vraiment bestial.

L'interrogatoire de ces derniers n'est pas long.

Lorsqu'il est fini, on les attache solidement tous les quatre et on les confie à une garde spéciale.

Demain on les expédiera à Tunis où ils seront jugés par un conseil de guerre.

6 Septembre.

Je suis commandé avec cinq de mes camarades pour conduire les prisonniers à la Goulette, sous le commandement du caporal Pinchot et d'un sous-officier.

Nous faisons le trajet par mer et l'embarquement ne se fait pas sans difficulté car les flots sont fort agités et le canot qui nous transporte à la balancelle est ballotté avec violence.

Il faut hisser à bord les prisonniers qui ont les mains liées derrière le dos; heureusement qu'ils se prêtent avec bonhomie à cette opération, car s'ils avaient voulu faire de la résistance en un pareil moment ils nous eussent fort embarrassés. Mais depuis qu'ils sont entre nos mains ils ne se sont pas départis un moment de leur calme et de leur tranquillité. L'Arabe raisonne toujours avec sang-froid et ne se bat jamais contre les murailles. Ceux-ci voient que la fuite est impossible, ils ne feront pas un mouvement pour s'échapper. Et pourtant ils savent très-bien qu'ils vont être jugés, ils savent très-bien qu'ils seront fusillés s'ils sont reconnus coupables ; mais je suis persuadé qu'ils iront à la mort avec autant de calme qu'ils s'asseoient maintenant sur les planches du bateau. « C'était écrit. » Pourquoi vouloir lutter contre le destin ?

La traversée est longue, car le vent nous empêche de marcher en droite ligne sur la Goulette ; il faut *louvoyer*, et ce n'est qu'à force de crochets tantôt dans un sens et tantôt dans l'autre que nous arrivons au port.

L'escadre française n'est plus là, mais la rade est encore couverte de navires étrangers et de paquebots. Et puis toujours les gros transports vomissant un flot de pantalons rouges. Cette Tunisie est un vrai gouffre !

Nous débarquons, et après avoir remis nos prisonniers aux mains de la gendarmerie et déposé nos effets au poste voisin, nous sommes libres jusqu'à demain matin.

En entrant dans la ville, nous nous croisons avec un peloton de spahis escortant la voiture du Bey. Devant l'équipage du souverain galopent deux alguazils à cheval, criant à tue-tête pour faire faire place.

Malgré leurs cris, l'encombrement des rues est tel, et le vacarme si grand, qu'ils ne parviennent pas toujours à se faire entendre.

Au moment où la voiture du Bey arrive, un Arabe pouilleux, à la figure hébêtée, trotte tranquillement au milieu de la rue assis sur la croupe de son âne chargé de deux énormes *couffins.* L'homme à cheval l'a aperçu : pif! paf! deux coups de houssine se sont abattus sur la tête du lourdaud avec la rapidité de l'éclair et en un clin d'œil l'homme et l'animal sont poussés sur le trottoir. Puis l'alguazil repart tranquillement au petit galop et continue flegmatiquement son métier.

. . . .

Ce soir, nous nous sommes payés le théâtre arabe, et pour la somme de quatre caroubles (pas tout à fait vingt centimes) nous avons été voir jouer *Kerrageuss.*

Kerrageuss est le Polichinelle musulman; son théâtre une baraque foraine. Figurez-vous une grande tente rectangulaire à toit pointu, dans le genre de celles où l'on voit la *Femme torpille* ou le *Colosse Hongrois*.

Même entrée crasseuse, garnie d'une portière en jaconas faite d'un vieux rideau de lit démodé, avec la caisse aux recettes placée à côté de la porte. Ici la caisse est remplacée par une gargoulette ébréchée suspendue à un clou. Le caissier, un vieil Arabe sordide qui sert en même temps de contrôleur et d'ouvreuse a soin de vous faire payer en entrant.

J'ai regretté le diseur de boniments qui égaye nos foires, mais un joueur de fifre qui tient son instrument d'une main et tape de l'autre sur une calebasse garnie de peau, remplace avantageusement le trombone classique.

Au fond est une estrade, garnie de décors en carton, rappelant tout à fait le théâtre de Guignol. Seulement les pantins sont remplacés par des ombres chinoises qui s'agitent derrière un grand carré de parchemin tendu sur un cadre en bois noir.

A toutes les places on a le droit de s'asseoir par terre. Nous avons préféré nous tenir debout, Patureau et moi, et nous nous sommes glissés modestement tout au fond de la salle.

Kerrageuss paraît bientôt sur la scène et récite en arabe un long monologue auquel nous ne comprenons naturellement rien du tout, mais qui doit être fort intéressant si j'en juge par l'air attentif des auditeurs.

Heureusement que j'ai pris avant de venir ici mes informations sur ledit Kerrageuss, et le récit qu'on m'a fait des exploits du personnage m'aidera à comprendre le spectacle.

Kerrageuss est un personnage populaire en Orient comme Polichinelle en France. Comme son confrère d'Occident, c'est un mauvais sujet qui rosse les gendarmes, détrousse les passants et fait bien d'autres vilenies encore, le tout à la grande joie du public arabe.

Mais il ne faudrait pas croire que tout se passe en scènes puériles ou drôlatiques. A côté des incidents burlesques, il y en a quelquefois de tragiques et les acteurs ont souvent des monologues pleins de philosophie.

En arrivant sur la scène, Kerrageuss expose son rôle sur la terre. Il se pose en bienfaiteur de l'humanité quoique au fond ce soit le plus grand coquin du monde. Il se dit protecteur du beau sexe, mais chez lui, foin de la sentimentalité et des procédés de Don Quichotte ! Il parle comme Sancho Pança et agit à la manière de Diogène le Cynique. C'est un Don Juan brutal pour qui rien n'est sacré et qui fait bon marché de l'honneur des femmes. Tant pis pour celles qui tombent entre ses mains ; il les sacrifie sans pitié sur l'autel du dieu Priape dont il est le grand pontife sur la terre.

Les honnêtes gens qui cherchent à ramener ce brigand à des sentiments meilleurs sont fort maltraités et se sauvent roués de coups de bâton quand il ne leur arrive pas pire encore.

Quant aux malheureuses qui se sont livrées à lui, elles trouvent bientôt le châtiment de leur faute dans les lois mêmes de la nature ; elles expieront dans les douleurs de l'enfantement un moment passager de bonheur. Mais elles auront aussi une compensation à leurs peines dans les joies de la maternité.

Kerrageuss est donc tout à la fois le tyran et le propagateur de l'espèce humaine. Il est le dieu auquel tout le monde sacrifie. Il gouverne en maître toute la race des hommes et son règne ne finira qu'avec le monde.

Les ombres qui s'agitent derrière la toile ont

pour but de figurer par des images matérielles cet exposé philosophique. Elles nous montrent Kerrageuss tour à tour chez lui, dans son harem, sur la place publique, au milieu de ses juges ou de ses victimes. Je ne décrirai point par le menu tous ces différents tableaux, car pour les peindre sans faire rougir mes lecteurs, il faudrait parler arabe! La langue française se refuse à raconter des scènes auprès desquelles les comédies les plus crues d'Aristophane sont de véritables idylles! Et pourtant tous les jours un parterre de Musulmans parmi lesquels beaucoup d'enfants, se délectent à l'audition de toutes ces ordures!

Ce qu'il y a de vraiment curieux, c'est que ce Kerrageuss est aussi populaire dans l'extrême Orient qu'en Afrique. Les Chinois l'ont en grand honneur, et dans toute l'Asie on le retrouve sous des noms peu différents.

Nous sortons du théâtre à minuit et nous passons devant la mosquée dont le haut minaret est éclairé d'une couronne de lampions fumeux. Il paraît que cet usage a pour but d'indiquer aux pèlerins qui arrivent à la ville pendant la nuit l'emplacement du temple. Chaque soir, au coucher du soleil, un marabout grimpe au sommet de la tour et appelle les fidèles à la prière en gesticulant de toutes ses forces. Nous l'avons entendu plusieurs fois quand nous étions campés à la Goulette : son organe glapissant dominait tous les autres bruits de la ville.

J'ai remarqué alors pour la première fois, la puissance des poumons que possèdent ces Arabes. Plus tard, les hurlements des Zlass et les cris des sentinelles tunisiennes qui s'entendent à plusieurs kilomètres dans la campagne, sont venus corroborer cette observation.

7 Septembre.

Ce matin, nous sommes partis pour la Manouba où nous devons nous joindre à un convoi de vivres destiné au camp de Bir-el-Bey. Nous avons fait une partie de la route avec un des régiments débarqués hier à la Goulette.

Les nouveaux venus marchent péniblement sur cette route poudreuse, brûlée par le soleil, écrasés par le poids du sac et par l'excès d'une température à laquelle ils ne sont pas habitués.

Nous, nous passons près d'eux, marchant à grands pas et d'un air vainqueur, chantant à pleins poumons et levant haut la tête. Nous posons pour les vieux Africains, tout fiers de montrer notre teint hâlé et nos barbes de hérissons à nos camarades de France qui restent ébahis de tant de crânerie.

S'ils nous avaient vu il y a cinq semaines, traînant la jambe sur le chemin de Bir-el-Bey, ils ne nous auraient pas tant admirés! Entre eux et nous, il y a la différence d'une troupe neuve à une troupe *entraînée*, et jamais on ne devrait lancer des hommes dans l'intérieur de l'Afrique sans les avoir fait passer par des épreuves préalables qui montreraient ce qu'on peut attendre d'eux.

La route de la Goulette à la Manouba longe jusqu'à Tunis le chemin de fer italien. Nous voyons passer les trains de banlieue qui emportent tous les matins les citadins aux bains de mer. Les voyageurs, européens ou juifs pour la plupart, se pressent sur la plate-forme extérieure des wagons pour nous voir défiler. De l'autre côté de la voie, on aperçoit le grand lac d'El-Bahira, aux eaux sales et marécageuses, traversé par les bateaux qui se rendent de la Goulette à Tunis.

On n'aperçoit guère de Tunis qu'un coin de la ville par dessus la trouée du lac.

Bientôt nous sommes aux portes de la capitale et nous longeons les hautes murailles de l'enceinte. De l'autre côté de la ville, nous retrouvons le chemin de fer, mais ici c'est la ligne française, qui traverse toute la partie méridionale de la régence et aboutit à Ghardimaou.

Nous passons sous un fort bel aqueduc de construction romaine, qui conduisait autrefois à Carthage les eaux du Zaghouan. Aujourd'hui, les conduits ont été détournés de leur direction primitive, et s'arrêtent à Tunis.

Nous voici au Bardo, résidence d'été du souverain. C'est un assemblage bizarre de maisons irrégulières au milieu desquelles se trouve le palais du Bey, sorte de château-fort, entouré d'une grosse muraille avec créneaux et fossés. Cette architecture n'est pas particulière au Bardo, c'est le caractère de tous les palais de la Tunisie, car à une époque où les Bédouins étaient plus nombreux et plus entreprenants qu'aujourd'hui, il fallait se défendre de leurs incursions en bâtissant des châteaux qui pussent en même temps servir de places-fortes.

L'intérieur du palais, que nous prenons le temps de visiter pendant une courte halte, n'a rien de beaucoup plus curieux que l'extérieur. Même architecture massive, même caractère sombre et mystérieux; un dédale de portes et d'escaliers, partout des fenêtres soigneusement grillées, surtout celles de la prison et du harem, qui se ressemblent du reste parfaitement.

Le Bey a transporté ici l'ancien harem de la Goulette, mais l'entrée en est rigoureusement interdite aux profanes.

Du reste, il paraît que le souverain lui-même ne daigne presque jamais y mettre les pieds. C'est là que fut élevé son premier ministre Mustapha, pour lequel il avait, personne ne l'ignore, un peu plus que de l'amitié.

Il y a un proverbe qui dit que tous les goûts sont dans la nature; celui-ci semble faire exception à la règle et pourtant, quand on considère l'état d'abjection et de servitude auquel la femme est réduite chez les musulmans, on a moins de peine à se l'expliquer. La femme n'est pour ces gens-là qu'une machine à faire des enfants; un être inférieur qui n'est même pas digne d'exciter les passions de l'homme. De là ce dédain du sexe faible et ces raffinements honteux qui les conduisent à violer toutes les lois de la nature pour satisfaire leurs appétits grossiers.

Le même vice existait à un haut degré dans l'antiquité et existe encore aujourd'hui chez plusieurs peuples païens. Le christianisme seul a donné à la femme cette auréole de prestige et de vertu qui nous la fait chérir et respecter comme notre compagne et notre égale. . . .

. . . .

Nous voici au camp de la Manouba : toute une armée est installée ici. Les plus heureux sont logés dans des bâtiments occupés autrefois par la suite du Bey, les autres campent dans les jardins d'oliviers qui les entourent.

Une jolie villa est affectée au général commandant la division et à son état-major. Son jardin, un vrai jardin anglais s'il vous plaît, avec du gazon et des arbres d'Europe excite notre admiration. Depuis notre départ de Toulon, nous n'avions rien vu de pareil ! Je comprends que ceux qui sont là-dedans trouvent la Tunisie charmante et nous traitent de réclameurs, comme disait l'autre jour un officier d'état-major bien pommadé, à un de ses camarades qu'il était venu visiter au camp !

Quant à nous qui avons toujours été grillés en plein soleil, nous nous trouvons bien heureux de pouvoir mettre notre tente à l'abri d'un olivier. Ce camp nous semble un paradis!

Par exemple, les hussards de l'escorte du général nous ont paru d'une propreté insultante : tous habillés de neuf et gantés de frais! Jour de Dieu! quels gommeux! On voit bien qu'ils ne se sont pas promenés pendant dix jours sur la route d'Hammada ceux-là !

8 Septembre.

Le convoi ne repartant qu'après-demain, je me suis dit que j'avais le temps d'aller faire un tour à Tunis et j'ai emmené le fidèle Patureau.

Malgré son état, il a voulu continuer son service, car au fond c'est un garçon courageux. Du reste il va beaucoup mieux et sa surdité a presque entièrement disparu. Seulement une chose le tourmente : vous savez qu'ici nous portons tous la barbe, eh bien, le brave garçon est désolé de voir que depuis que nous sommes en Tunisie le clair duvet qui ombrage ses joues est à peine poussé de quelques millimètres, tandis que beaucoup de ses camarades pourraient figurer avec avantage dans les sapeurs. En conséquence, il m'a supplié de l'accompagner chez un barbier, espérant qu'un bon coup de rasoir donnera une vigueur nouvelle à ses favoris.

Nous trouvons à la porte du camp un voiturier arabe qui s'en retourne à vide, je le hêle, je lui crie : « Tunis, barbier » en faisant le geste d'un homme qui se rase et nous sautons dans la voiture.

Nous partons au galop ; c'est l'allure habituelle du cocher arabe quand il a l'honneur de conduire des gens de qualité (ce n'est pas pour nous que je dis cela) et quand il n'a pas une trop longue course à faire. Si vous le prenez pour faire vingt ou trente kilomètres, il mettra ses chevaux modestement au trop, mais alors c'est fini : que l'on monte, que l'on descende, qu'on roule sur les pierres ou qu'on coure sur le sable, il ne modifiera pas son allure.

La plupart des routes tunisiennes qui, je crois, n'ont pas vu un cantonnier depuis la conquête romaine, sont remplies d'ornières, hérissées de broussailles, traversées par des précipices ou encombrées par des éboulements. Rien de tout cela n'arrête l'ardeur de l'équipage et de son conducteur. Inutile de chercher à lui faire ralentir sa course; si vous vous plaignez il est sourd, si vous l'interpellez il est muet; d'ailleurs il n'entend pas un mot de français et ne comprend pas ce que vous exigez de lui. Il faut vous résigner à être secoué, cahoté, ballotté comme un dez dans un cornet.

Parfois votre cocher saute à bas de son siège et vous le voyez apparaître à côté de la portière, suivant la voiture au pas gymnastique. Il est descendu pour ramasser son fouet, pour vous demander du feu ou même dans le simple but de se dégourdir les jambes. Cela peut durer pendant deux ou trois kilomètres sans que l'homme ait l'air de souffler et sans que les chevaux paraissent s'apercevoir de l'absence de leur maître.

Il ne faut pas vous étonner si, à un moment

donné, l'équipage quitte brusquement la route s'élance au grand galop dans les champs voisins : les chevaux ont tout bonnement senti une fontaine et se précipitent pour se désaltérer. J'ai dit les chevaux, et non pas le cocher, car la plupart du temps, celui-ci dormait sur son siège et n'est pour rien dans ce brusque changement d'allure et de direction. Mais il laisse faire les bêtes qui ont l'habitude de la chose : Celles-ci, le poil tout fûmant et les naseaux en feu, ont enfoncé leur museau dans l'eau fraîche et délicieuse de la source, qu'elles hument à longs traits.

Le cocher en fait autant et souvent aussi le voyageur, puis on repart, toujours du même train.

Si vous arrivez à la ville, du plus loin qu'il aperçoit les murailles, votre automédon se lève sur son siège, rassemble ses guides et prépare une entrée triomphale. Un coup de fouet et l'équipage part au galop, brûlant le pavé et risquant d'écraser les passants. Ceci, du reste, est peu de chose, c'est un luxe que se payent souvent les grands seigneurs tunisiens. Tant pis pour le maladroit qui s'est fait casser la jambe.

Vous descendez enfin, moulu, brisé, rompu, mais vous êtes tout étonné d'avoir fait tant de chemin en si peu de temps et le mépris que vous exprimiez pour les rosses qui stationnent sur la place de Tunis est tout près de se changer en admiration.

Notre automédon s'est arrêté à l'entrée de la ville, dans une rue sale et si étroite que les passants sont obligés de se coller au mur pour ne pas se faire écraser les pieds sous les roues. Il descend nous ouvrir la portière, et nous montrant une grande porte à deux battants entr'ouverte, nous fait signe d'entrer.

Nous sommes tout étonnés de nous trouver dans une salle haute, aux murailles blanchies à la chaux, ornées d'arabesques bizarres, avec un sol en terre nue, couvert de quelques nattes où deux ou trois individus fument majestueusement, assis sur leurs talons.

Du reste, pas de doute à avoir, nous sommes bien chez un barbier ; car le frater est là au milieu de la pièce, opérant un patient. Seulement c'est un frater arabe ! Notre cocher, au lieu de nous conduire chez un coiffeur du quartier euro-

10.

péen a trouvé plus simple de nous faire entrer chez son perruquier.

Bah! Qu'est-ce que ça fait, dis-je à Patureau? Puisque nous y sommes, restons-y. Au fond je n'étais pas fâché de faire une étude de mœurs.

Nous nous asseyons sur un des bancs de bois qui garnissent les côtés de la boutique, et aussitôt un gamin nous apporte à chacun une tasse de café. Il paraît qu'ici c'est la mode de boire et de fumer avant de se faire raser, car tous les braves gens qui sont autour de nous en font autant.

Nous allumons donc tranquillement une cigarette au brasier qui brûle dans un coin de la salle sur un réchaud de cuivre étincelant et nous attendons que le barbier ait fini sa besogne.

Le tour de Patureau arrive et le Figaro tunisien lui fait signe de s'asseoir sur le tabouret de bois qui remplace ici le fauteuil à dossier des coiffeurs *roumis*. Je crois que le brave troupier n'est pas très rassuré en livrant sa tête aux mains de ce vieil Arabe, à l'air rébarbatif, qui le regarde sournoisement en aiguisant son rasoir sur le cuir pendu à sa ceinture. En s'asseyant sur le tabouret, il à l'air de prendre place sur le pal !

Quant à moi, vous m'accuserez, si vous voulez, de manquer de charité, mais j'ai toutes les peines du monde à garder mon sérieux en voyant les tortures infligées à mon infortuné camarade. Le barbier s'est emparé de sa tête qu'il couvre d'une couche de savon épaisse comme la neige du Mont-Blanc. Le malheureux étouffe et ne respire plus que par le nez. Pour éviter la mousse corrosive, il pince les lèvres et ferme les yeux pendant que son bourreau impassible promène lentement son pinceau de la tête au menton, n'épargnant ni le nez, ni les oreilles, ni même le crâne.

Cela fait, le barbier quitte la salle avec flegme et laisse sa victime, changée en boule de neige, étouffer tranquillement pendant dix bonnes minutes. Il revient enfin, tenant son instrument de torture à la main et commence à le promener avec majesté sur l'épiderme de mon ami. C'est maintenant que le vrai supplice commence. Le reste n'était qu'une entrée en matière, mais maintenant l'infortuné Patureau va connaître les tortures de l'Inquisition : l'exécuteur a saisi d'une main nerveuse la tête de son patient ; il la lui lève, la lui renverse, l'appuie sur son genou, la tourne à droite, à gauche, le tire par le nez, par les cheveux, par les moustaches, lui pince les joues ou les lui gonfle avec son pouce introduit dans la bouche, râclant toujours, poursuivant la barbe jusqu'à la chair et ne s'inquiétant pas plus du sang prêt à jaillir que le corroyeur acharné sur une peau de mouton.

Le malheureux est déjà rasé jusqu'au sang et le barbier aiguise de nouveau son instrument.

Décidément, cet homme est sans pitié, que peut-il lui faire de plus, à moins qu'il ne lui coupe le nez et les oreilles ?

Mais en le voyant diriger son rasoir vers le crâne de mon camarade, tout d'un coup, j'ai compris ! Il va transformer Patureau en Arabe et lui raser la tête à la façon des Orientaux. Ceux-ci ne conservent en effet qu'un tout petit toupet au sommet de l'occiput : ce qu'on appelle le *marabout*.

Pour le coup, je me cache la figure dans les mains pour ne pas éclater, mais un cri de douleur me fait relever la tête : à la première atteinte portée à son chef, notre troupier a bondi sur son siège et s'est précipité vers la glace en tenant son crâne à deux mains. Cette fois, la parole lui est revenue, et il en use pour agoniser de sottises son exécuteur qu'il appelle « raseur du diable et tondeur de païens ». L'autre le regarde impassible, ne comprenant rien à cet accès de colère subite. A la fin, le trop susceptible Patureau finit par se calmer un peu, avisant une bassine pleine d'eau, il y plonge sa figure toute rouge d'émotion, et jetant noblement dix *caroubles* sur la table, sans même prendre la peine de s'essuyer le visage, il s'élance dans la voiture où je le suis en riant comme un fou.

Pour calmer mon ami, je l'emmène faire un bon déjeûner à l'Hôtel de Paris, et dût-on m'accuser de gourmandise, je vous avoue que ce n'est pas sans une certaine satisfaction que je m'asseois à une table propre et bien servie. Il faut avoir mangé pendant deux mois assis par terre, une gamelle entre les jambes, pour comprendre toutes les délices du restaurant ! Pour vous faire une idée de la joie que nous éprouvons, figurez-vous un pauvre mendiant accroupi sur le trottoir de la maison Dorée et vivant des croûtes de pain que lui jettent les garçons, admis à partager votre souper en cabinet particulier et placé tout à coup en face de mets succulents !

Je ne veux pas quitter l'hôtel sans vous dire un fait que vient de me raconter le propriétaire, un excellent homme avec qui j'ai déjà fait connaissance à mon dernier voyage à Tunis. Non pas que l'histoire soit en elle-même bien extraordinaire, mais elle me semble peindre d'une façon tout à fait caractéristique le caractère arabe et à ce titre digne d'être entendue.

Vous vous souvenez, me dit le père Bertrand (c'est le nom du propriétaire en question) d'un jeune Arabe que j'avais comme domestique et qui vous a servi d'interprète ? C'était un garçon zélé, actif et intelligent. Je l'avais pris tout jeune, il avait été élevé ici et j'espérais le conserver longtemps, car j'étais enchanté de ses services. Depuis quelque temps, il était devenu sérieux et rêveur.

Son caractère, enjoué au début, s'était singulièrement assombri. Il semblait éviter les gens de la maison et quand il nous rencontrait dans l'escalier, moi ou qu'elqu'un de ma famille, sa figure se rembrunissait et il détournait la tête avec embarras.

Souvent il disparaissait de l'hôtel pendant des heures entières sans vouloir dire où il allait. Je le fis épier et sus qu'il passait tous ses moments de loisir à la mosquée. A l'époque du Rhamadan, ses absence devinrent plus fréquentes. Depuis l'ouverture du carême, il observait un jeûne si rigoureux qu'il était tombé dans une faiblesse extrême. Parfois, il semblait en proie à une sorte d'exaltation mystique : quand il se croyait seul, il se prosternait le front dans la poussière et murmurait des paroles incompréhensibles.

Je me crus alors fondé à lui faire quelques observations : je lui dis que je ne pouvais tolérer ses absences fréquentes qui nuisaient à la régularité du service et tâchai de lui faire comprendre que des abstinences aussi austères finiraient par abîmer sa santé.

Il n'objecta rien à mes remontrances, mais le soir il avait disparu.

En vain le chercha-t-on dans tous les coins de l'hôtel et dans les rues avoisinantes, il fut impossible de mettre la main sur lui.

J'étais encore tout préoccupé de cette fuite extraordinaire, lorsque l'autre jour, en passant devant la grande mosquée, j'ai vu un Arabe se lever des marches où il était assis avec plusieurs de ses compatriotes et s'avancer ves moi. C'était mon jeune homme qui m'avait aperçu et qui venait me baiser respectueusement la main.

— Et pourquoi donc, lui dis-je, nous as-tu quitté ? N'étais-tu pas bien à la maison ?

— Si, très bien.

— Quelqu'un t'avait-il offensé ?

— Personne.

— Pourquoi donc t'es-tu enfui ?

— Pour ne pas te tuer.

— Certes ! que t'avais-je donc fait ?

— Rien. Je t'aimais comme mon père, car c'est toi qui m'as élevé et qui m'as nourri. Mais je te haïssais comme chrétien. Si j'étais resté chez toi deux jours de plus, je vous assassinais tous, toi, ta femme et tes enfants !

Que faire à Tunis après déjeuner, à moins d'aller au bazar ? Là seulement on trouve l'ombre, la fraîcheur et cette couleur locale dont le touriste est avide et qu'il chercherait vainement dans le quartier européen.

Nous nous dirigeons donc vers le bazar ou *Souk*, comme on l'appelle ici, après nous être assurés d'un guide, précaution indispensable pour ne pas s'égarer dans le dédale des rues tortueuses de la ville arabe.

Je vous ai déjà donné un aperçu de ce labyrinthe où tous les métiers sont représentés, depuis les savetiers jusqu'aux bijoutiers et aux orfèvres. Tout ce monde-là travaille en pleine rue et chacun peut faire son apprentissage en passant. Ceux qui ne travaillent pas marmottent leur chapelet assis sur le devant de leur boutique ou plutôt de leur échoppe, car il est difficile d'appeler boutique une niche de trois pieds de profondeur où l'on peut à peine tenir à deux. Nous passons successivement devant des étalages de parfums, des pyramides de bonnets, des arsenaux de fusils et de poignards, des stocks de harnais et des piles de tapis à rendre jaloux les magasins du Louvre.

Nous nous arrêtons longtemps dans le bazar aux étoffes, le plus vaste de tous, le plus beau et le plus pittoresque par l'éclat et la variété des couleurs. L'œil est fasciné par le chatoiement de la soie, le brillant des tissus, la vivacité des teintes. C'est un arc-en-ciel d'écharpes, de foulards, de burnous et de gandourahs pendant de tous côtés. C'est l'Orient dans toute sa splendeur !

Par exemple, méfiez-vous du Maure à l'œil vif embusqué dans ces antres moelleux. Il vous guette, vous harponne au passage, vous introduit de force dans sa boutique et là vous êtes sa proie : il vous assourdit de ses cris, vous ahurit de ses offres, vous éblouit de ses chiffons éclatants qu'il agite devant vos yeux comme le torreador fait de son drapeau, il vous grise de paroles et vous ne vous en allez pas sans avoir vidé votre bourse.

J'avoue que je passerais volontiers ma journée ici ; je ne sais si vous êtes comme moi, mais le miroitement de la soie produit sur mes yeux une sorte d'attraction comparable à celle de l'or pour l'avare. Il faut que Patureau m'entraîne de force et m'arrache à cette tentation de saint Antoine.

A propos de saint Antoine, je suis tout étonné de voir en passant devant l'étalage d'un armurier, un individu portant le costume du célèbre ermite, installé familièrement dans la boutique, causant et riant avec deux ou trois Arabes. C'est tout bonnement un moine italien qui est venu voir ses amis du bazar; au fond rien que de très-ordinaire à cela, mais cette grande robe de bure au milieu des gandourahs éclatantes, cette tonsure au milieu des turbans verts ou blancs produit le plus singulier effet.

En tout cas, nous autres Français nous n'avons pas trop à nous féliciter de ce bon accord entre les religieux italiens et les Musulmans, car il paraît que les bons pères capucins, tout dévoués à la politique du consul Maccio, ne se sont pas gênés en mainte occasion pour nous dénigrer auprès de leurs amis et pour leur prêcher la révolte contre nous.

En passant devant la grande mosquée, Patureau a voulu renouveler la tentative de l'autre jour et essayer de gravir les marches du monument sacré; mais cette fois c'est un marabout à la grande barbe grise, coiffé d'un immense turban vert, qui s'est chargé de nous barrer la porte. Et non-seulement il nous interdit l'entrée du temple, mais il se croit obligé de nous adresser un long sermon qui n'en finit plus. Je regrette de ne pas comprendre un mot de son discours, car à voir l'abondance de paroles qui sortent de ses lèvres augustes, il doit certainement déverser des flots d'éloquence. Il n'a pas l'air content le brave homme : son regard est courroucé, ses gestes menaçants et de temps en temps il lève les yeux au ciel comme pour appeler sur nous les malédictions d'Allah !

Quand il a fini, je me retourne vers l'interprête et lui demande de nous donner le plus brièvement possible l'explication des paroles du vieillard.

Le marabout vous a reproché d'être venus ici en ennemis pour troubler la tranquillité des fils du Prophète.

Les Arabes, a-t-il dit, sont des hommes de paix, et vous, des hommes de guerre. Vous voulez livrer à la dévastation et à la ruine des pays pacifiques, mais Allah protège son peuple et vous punira.

Il vous fera périr dans les sables du désert, et la race des infidèles sera détruite pour avoir voulu opprimer celle des Justes et des Croyants.

Ma foi, je suis d'avis que le bonhomme a un peu raison ; au fond, je trouve comme lui l'expédition de Tunisie parfaitement stupide ; mais comme il faut toujours faire preuve de patriotisme vis-à-vis de l'étranger et surtout vis-à-vis de l'ennemi : « Répondez au marabout, dis-je à l'interprète, que les Français sont des hommes de paix et qu'ils sont venus ici non pour opprimer mais pour pacifier ! »

Après cette belle déclaration, que M. Roustan n'aurait pas désavouée, je me tourne vers le prêtre de Mahomet, et pour lui prouver que je ne lui garde pas rancune de son *speech*, je lui fais une profonde inclination de tête en appuyant la main sur mon cœur à la manière arabe.

En suivant jusqu'au bout les ruelles du *Souk*, nous aboutissons à la place de *Dar-el-Bey*, c'est-à-dire du Palais du Bey.

Ce palais, construit dans le style mauresque et dont la façade est couverte de peintures et d'arabesques aux tons éclatants, sert de résidence au souverain pendant l'hiver. Sous les arcades et devant les fenêtres du monument se tient le marché et la vente à la criée.

Nous nous frayons à grand'peine un chemin au milieu de la foule d'acheteurs qui se pressent, se heurtent, se bousculent autour d'un vendeur de meubles ou d'un marchand de foulards. A force d'enjamber des piles de chiffons, de pas-

11.

tèques, de ferraille ou de vieux cuirs, nous arrivons à la *Kasbah* qui s'élève à l'autre bout de la place.

Les soldats tunisiens préposés à la garde de ce semblant de citadelle ont l'air de veiller sur elle avec un soin jaloux : notre guide a dû rester à la porte et nous ne sommes entrés que grâce à notre uniforme. Encore, l'officier tunisien qui nous accompagne ne nous perd-il pas d'une semelle et nous suit-il comme notre ombre.

Je ne comprends pas cette méfiance à voir les horribles ruines en papier mâché qui nous entourent. Un amas de vieilles tourelles effondrées, de créneaux à moitié comblés par l'éboulement des pierres, des murs lézardés, un ancien cachot sordide servant actuellement de latrines aux soldats du poste, voilà de quoi se compose la première place forte de la Tunisie. Çà et là, perçant au milieu des décombres, on aperçoit la gueule d'un vieux canon rouillé tout prêt à éclater au nez de l'imprudent qui oserait le charger.

Le seul côté intéressant de notre visite à la Kasbah, est la vue de Tunis qui se déroule sur les flancs de la bosse au sommet de laquelle la citadelle est bâtie.

Cet aspect ne manque pas d'un certain cachet oriental, mais est loin d'être gai. Tous ces toits plats et crayeux, avec leurs dômes aplatis ressemblent à autant de tombeaux. C'est à peine si la flèche d'un minaret perdue çà et là au milieu de ces cubes de plâtre parvient à égayer la vue. La ville, comme toutes les villes arabes du reste, a l'air d'un vaste cimetière.

Le paysage qui entoure la ville est un peu plus animé : devant soi, par une percée sur la vallée de la Méliana, on voit à l'horizon les montagnes d'Hammam-Lif ; à gauche, on découvre le lac d'El-Bahira dont les eaux bleues se confondent avec celles du golfe et la Goulette qui placée entre les deux semble un îlot de maisons jeté au milieu de la mer ; à droite on aperçoit le lit d'un autre lac, la *Sebka de Sedjouni*, desséché en cette saison.

Sur les collines qui l'entourent on a bâti plusieurs forts qui sont censés protéger Tunis et dont l'armement est à ce que je suppose aussi redoutable que celui de la Kasbah.

En nous retournant, nous voyons se dérouler dans une plaine assez vaste tout un panorama de maisons, de tentes et de jardins ; c'est le palais du Bardo, le camp et le village de la Manouba qui se détachent en blanc sur le fond sombre du *Djebel Ahmar*.

De temps en temps un train venant de Tebourba ou de Ghardimaou serpente à travers la plaine courant vers Tunis.

Quelque chose qui m'a plus intéressé que la Kasbah, c'est une école arabe que nous venons de trouver sur notre chemin.

On entre au rez-de-chaussée dans une cour à ciel ouvert, entourée d'arcades servant de préau et donnant accès dans les salles d'étude.

Au premier étage se trouvent les classes où les enfants sont réunis en ce moment.

Tous ces bambins ont l'air fort sérieux et paraissent avoir une crainte respectueuse du maître, car notre passage dans le couloir voisin n'a pas produit le plus léger émoi, et c'est à peine si quelques regards furtifs sont jetés sur nous à la dérobée par les portes largement ouvertes.

En passant devant une bibliothèque, je jette un coup d'œil sur les livres qui la garnissent et je suis stupéfait de trouver à côté des livres arabes, des grammaires françaises, anglaises et italiennes. Une carte de Meissas et Michelot est appendue au mur et dans un coin j'aperçois une géographie de Cortambert.

Le jeune Maure qui nous a introduit et qui nous accompagne dans notre visite m'affirme que l'usage de toutes ces langues est familier aux enfants qui fréquentent l'école, et cela surprend moins quand on considère que la plupart sont les fils des riches commerçants de Tunis et que pour leur commerce il leur est aussi utile de savoir le français et l'italien que l'arabe.

C'est égal, voilà un résultat auquel je souhaite à Monsieur Paul Bert d'arriver dans nos écoles primaires !

J'avais été surpris par les manières polies de mon introducteur : c'était le premier musulman que je voyais avec des façons prévenantes et aimables, son langage m'intriguait aussi, car il parlait le français assez correctement, mais avec un fort accent anglais : j'ai su depuis que c'était un Anglais converti à l'Islamisme et qu'il était attaché à l'école en qualité de maître répétiteur. Ce n'est qu'un *pion,* mais il serait à souhaiter que tous ses confrères de France fussent taillés sur le même modèle ! quant aux professeurs titulaires ils sont pour la plupart européens.

Notre guide, qui nous a promis de nous faire visiter un intérieur mauresque, nous conduit ensuite chez un de ses amis, négociant à Tunis ; notre hôte après nous avoir gravement embrassé sur les deux joues, nous introduit dans son salon, nous invite du geste à prendre place sur un divan et s'assied lui-même sur une natte en face de nous.

Un domestique paraît aussitôt apportant sur un plateau de cuivre l'inévitable café et quatre grandes pipes turques, de celle qu'on appelle *tchibouks*.

Il paraît que l'usage du *tchibouk* n'est pas très répandu à Tunis, mais le maître de la maison a importé cette coutume de Constantinople où il a habité longtemps.

Toutes ces opérations préliminaires se passent dans le plus grand silence, et ce n'est qu'après avoir bu et fumé que la conversation commence à s'engager. La nôtre n'est pas très animée, car, demandes et réponses, nous sommes obligés de tout faire traduire par l'interprète, mais d'après quelques réflexions qui lui sont échapées au sujet de la guerre actuelle, j'ai compris que le Tunisien n'était pas un sot.

Sur notre demande, notre hôte se lève ensuite et nous fait visiter ses appartements. C'est ce qui nous intriguait le plus, car nous étions curieux de connaître la structure intérieure d'un de ces gros pâtés carrés à l'aspect blafard et massif, que l'on décore ici du nom de maisons.

Toutes les habitations tunisiennes sont bâties à peu près sur le même plan : toujours une cour intérieure quelquefois à moitié couverte par une toiture vitrée, mais la plupart du temps complètement à ciel ouvert.

C'est là que toute la famille se tient pendant la saison chaude. Cette disposition a d'ailleurs son utilité, elle permet à l'eau du ciel de tomber dans la cour d'où elle s'écoule dans des citernes pratiquées dans le sous-sol.

Autrefois, les habitants de Tunis étaient obligés d'avoir recours presque uniquement à l'eau de ces réservoirs et les années de sécheresse étaient pour eux un fléau terrible, mais aujourd'hui ils sont largement abreuvés par les aqueducs qui viennent du *Djébel Zaghouan*.

Tout autour de ce vide intérieur règne une série d'arcades analogues à celles qu'on trouve dans les anciens cloîtres. Ces arcades soutiennent le balcon du premier étage et forment un couloir voûté qui donne accès dans les appartements du rez de chaussée. Ceux-ci, adossés aux quatre murs extérieurs ont leur entrée sur la cour et sont éclairés par des fenêtres grillées donnant sur la rue.

Le premier étage est disposé d'une façon analogue et pourvu d'un balcon donnant sur la cour intérieure. On y monte par un escalier placé à l'un des angles de la maison.

L'habitation ne possède le plus souvent qu'un étage. Le toit, plat comme dans les villas italiennes surplombe le balcon et dans l'été on tend des toiles d'un bord à l'autre pour arrêter les rayons du soleil.

L'appartement des femmes se distingue des autres par ses fenêtres soigneusement grillées, pourvues le plus souvent d'un treillage épais à travers lequel on peut voir sans être vu.

Le propriétaire qui possède trois épouses, (c'est le nombre réglementaire permis par le Coran) s'est naturellement bien gardé de nous laisser pénétrer dans son gynécée, car le musulman est jaloux à l'excès et le harem est un endroit sacré qui ne s'ouvre que devant le maître ou l'eunuque.

Ce n'est pas à dire pour cela que les femmes mauresques soient beaucoup plus réservées que les autres.

Quoique soigneusement enfermées, ou peut-être à cause de cela, elles ne se font pas faute, quand elles peuvent franchir les grilles du harem de jouer à messieurs leurs époux des tours pendables.

On raconte ici, plus d'une histoire d'Arabe trompé par sa femme. Mais si la malheureuse est découverte, elle paiera de sa vie cette infraction à la foi conjugale. Le Coran est inflexible à cet égard, et les lois laissent libre cours à la vengeance du mari !

Surtout qu'elle ne se laisse jamais approcher par un chrétien ! La courtisane elle-même est sacrée pour celui-ci. Il n'est pas rare d'en rencontrer dans les rues et les quartiers peu fréquentés de Tunis : elles sont faciles à reconnaître à leur démarche osée, à la façon moins discrète dont elles arrangent leur voile ; mais malheur au *Roumi* qui oserait les fréquenter ! Les lois musulmanes sont formelles à cet égard : le chrétien aura la tête tranchée, le juif sera brûlé vif.

Après une dernière tasse de café, nous prenons congé de notre hôte et nous nous lançons dans le quartier juif.

Ici l'aspect change, au lieu des façades immaculées du quartier arabe, nous nous trouvons en face de murailles noires et barbouillées de toutes sortes de choses pas propres ; une odeur insupportable d'huile rance vous prend à la gorge et les rues sont si étroites qu'on n'y peut circuler qu'en file indienne.

Souvent un dépôt d'ordures barre complètement le passage, arrêtant le cours du ruisseau et changeant la rue en cloaque.

Souvent aussi un chat ou un chien mort pourrit tranquillement au milieu de la rue, empestant tout un quartier, sans que personne songe à débarrasser la voie de cette pourriture.

Je ne comprends pas que les Tunisiens, placés entre les miasmes du lac et les odeurs pestilentielles du quartier juif, ne soient pas envahis par le choléra dix fois par an.

Notre première visite est pour la synagogue.

La synagogue, qui sert d'église au moment des offices, sert aussi d'asile pour les enfants.

Au moment où nous entrons, un vieux Juif à barbe blanche, assis sur ses talons au milieu du Temple, est en train d'expliquer les tables de la loi à une trentaine de marmots des deux sexes accroupis autour de lui sur la dalle.

Mais les fils d'Israel sont loin d'avoir la sagesse des enfants de l'Islam : notre apparition est le signal d'un joyeux hurrah et toute la marmaille se lève en gambadant, malgré le respect dû au saint lieu et au vénérable professeur. Du reste, celui-ci, habitué probablement à des scènes semblables qui se renouvellent toutes les fois qu'un étranger pénètre dans le sanctuaire, ne fait pas un geste pour réprimer l'élan des gamins.

En un instant nous sommes entourés par la bande frétillante : l'un nous tire par le pan de la capote, l'autre s'accroche au sabre, un troisième nous embrasse les mains et savez-vous ce qui agite tout ce petit peuple !

L'espoir de nous soutirer quelques sous.

Ce sont bien les dignes fils de leurs pères et l'amour de l'argent a déjà envahi leur cœur de bambin. « Monssi, carouba ! Monssi, soldi ! » Voilà les cris qu'on entend de tous côtés.

Au demeurant, toutes ces petites mines éveillées sont gentilles à croquer, surtout les fillettes avec leurs grands yeux noirs qui leur mangent la moitié des joues ; aussi nous vidons magnanimement nos poches.

Nous avons grand peine à nous défaire de la marmaille importune que cette générosité a mise en belle humeur et nous sommes déjà dans la rue que les petits mendiants nous harcèlent encore. Les plus acharnés nous suivent en criant : « Viva la Francia. »

Pour nous débarrasser d'eux, nous leur jetons une dernière poignée de caroubles, et nous nous sauvons au plus vite pendant que les vauriens se précipitent sur la proie en se battant comme des chiens.

De la synagogue, nous n'avons absolument rien vu. C'est à peine si j'ai entendu le guide me crier au milieu du tapage « Tables de la loi » et j'ai aperçu dans un coin deux ou trois cylindres de bois d'aspect étrange où se trouvent, parait-il, renfermés les textes sacrés.

J'attendrai, pour voir une synagogue d'être revenu à Paris !.....

Pour pénétrer dans une habitation mauresque il fallait choisir son hôte et se faire soigneusement présenter : la même difficulté n'existe pas ici. Choisissez une maison quelconque, celle qui vous plaira, et entrez hardiment. Vous serez reçu à bras ouvert par toute la famille. Le père, la mère et les enfants s'empresseront autour de vous.

Ces braves gens seront enchantés que vous leur fassiez l'honneur de venir chez eux. Ils vous proclameront le plus aimable des hommes si vous les embrassez tous en entrant. Allez y carrément, les jeunes filles elles-mêmes ne s'effaroucheront pas de ce baiser patriarcal.

Pourtant, n'allez pas trop loin !..... Chez les Juifs comme chez les chrétiens il y a des maisons honnêtes ! Mais elles sont rares ! Au surplus, votre interprète, qui le plus souvent est lui-même Israélite, vous donnera à ce sujet tous les renseignements nécessaires.

Ce qui explique cet engouement des Juifs pour les Français, c'est qu'ils s'imaginent que nous sommes venus ici pour conquérir la Tunisie.

Et une fois la Tunisie conquise, ils ne seront plus sous le joug de ces odieux Mahométans qui les méprisent, qui les persécutent, qui les traitent comme des chiens !

Mais alors, me direz-vous, pourquoi les Juifs n'abandonnent-ils pas un pays où ils sont si malheureux ? Parce qu'ici, le Juif gagne de l'argent gros comme lui. Il a le monopole d'une foule de commerces et c'est lui qui tient tout le trafic.

Les Arabes n'ont pas d'autres banquiers que les Juifs, et les Juifs se vengent des Arabes en les pressurant comme des éponges.

Peu importe au Juif qu'il soit hué, bafoué, insulté, pourvu qu'il ait quelque chose à gagner.

C'est incroyable à quel état d'abaissement la soif de l'or a conduit ce malheureux peuple.

Le Juif fait argent de tout, même de ses enfants. Je suis persuadé qu'il n'y a pas une Juive à Tunis qui ne soit à vendre : il suffit d'y mettre le prix. Payez la mère en conséquence et elle vous livrera elle-même sa fille !

Il y a nombre de maisons dans le quartier

juif où cet odieux commerce est passé à l'état d'habitude, et rien ne distingue ces maisons-là des autres : Vous êtes reçu à la porte par toute la famille avec la cordialité habituelle et vous seriez tenté de prendre pour une hospitalité patriarcal ce qui n'est que le calcul d'une cupidité éhontée. Une fois introduit, la mère vous présente sa fille et vous savez tout de suite à quoi vous en tenir.

L'enfant de la maison, un gamin de dix ans qui court les rues et qui a été stylé par sa digne femme de mère, viendra vous attendre le soir à la porte du café et vous proposera tranquillement de vous mener chez sa sœur ! Trop heureux s'il peut récolter un peu d'or pour son estimable famille et quelques caroubles pour lui !

. . . .

En sortant de chez les Juifs, nous sommes tombés sur l'inévitable patrouille !

A voir l'innombrable quantité de patrouilles qui parcourent les rues, vous seriez tenté de croire Tunis bien gardée ? C'est une illusion dont il faut vous défendre avec soin.

Je me suis souvent demandé ce que faisaient ces quatre pouilleux qu'on rencontre tous les quarts d'heure traînant leurs savates dans la rue ? Ils s'en vont, nonchalamment appuyés des deux mains sur la crosse de leur fusil au bout duquel pointe une baïonnette toute rouillée. Leur ceinturon, trop lâche, laisse pendre tristement une immense giberne sur leur derrière râpé, un sabre énorme leur bat dans les jambes et complète cet équipement ridicule. A voir leur mine efflanquée, leurs joues creuses et leur ventre aplati, on les prendrait pour des échappés de quelque grand combat, qui n'ont pas mangé depuis huit jours.

Si vous les arrêtez pour leur donner deux sous, ils vous remercieront avec effusion et se précipiteront pour vous embrasser le bout des doigts.

Voilà les gens auxquels on a confié la police de la ville : Jusqu'à présent on s'est obstiné à préférer ces ignobles mannequins aux gendarmes français ! Qu'en est-il résulté ? Des bagarres, des conflits et Messieurs les Italiens ont tiré parti de tout cela.

Ainsi dernièrement, une discussion eut lieu

aux portes de la ville entre les grotesques dont je viens de parler et deux officiers français ; ceux-ci, voyant que la populace prenait parti contre eux et menaçait de les écharper durent se frayer un passage à travers la foule, révolver au poing. Immédiatement, les Italiens tirèrent parti de ce fait pour clabauder contre nous et crièrent bien haut que les Français venaient mettre le désordre à Tunis. Le Consulat prit courageusement la défense des deux officiers, mais l'autorité militaire eut la faiblesse de les condamner. Et après une enquête illusoire, sans même les avoir entendus, le général Farre leur envoya une punition qui les privait du droit de porter l'épée et brisait leur carrière !

Voilà comme nous comprenons la défense de nos droits ; mais les Italiens ne sont pas assez bêtes pour nous imiter ; il faut avouer que les compatriotes de Monsieur Maccio se sont montrés autrement adroits, autrement intrigants, autrement intelligents que nous dans la conquête tunisienne. Car pour moi, la conquête de la Tunisie est faite. Elle est faite par les Juifs et par les Italiens : par l'argent et par le commerce.

Que signifie d'aller guerroyer au milieu du

désert contre des bandes de sauvages imprenables qui nous échappent comme des anguilles ?

Point n'est besoin d'aller si loin pour aboutir à des résultats aussi nuls. La victoire sera à celui qui tiendra Tunis, qui tiendra la Goulette, qui tiendra Sfax, Sousse, Cabès et tous les ports de commerce. Nous nous faisons haïr par nos armes, tandis que les Italiens se font bénir par leur commerce,

Les Arabes ne comprendront jamais ce rôle de pacificateurs que nous sommes venus jouer le fusil à la main.

Les Italiens, au contraire, ont parfaitement pris, parce qu'ils se sont insinués doucement parmi eux en leur apportant les produits de la civilisation.

Entrez à Tunis par la porte Espagnole, parcourez un moment les rues avoisinantes et dites-moi si vous ne croyez pas vous trouver dans une ville italienne ? Partout des inscriptions italiennes, une gare italienne, une compagnie de bateaux italienne, un théâtre italien ; et que vous entriez chez le pharmacien, le bijoutier ou le dentiste, partout de l'italien et rien que de l'italien.

Il n'y a que le macaroni qui n'a pas pu prendre ici, ils nous ont laissé les restaurants.

Après cette diatribe, je reprens ma course ou plutôt le récit de ma course. Au guide qui nous a demandé où il fallait nous conduire, nous avons répondu : « Aux bains maures. »

Ceux qui ont visité le Hammam de Paris ont déjà une idée de ce genre d'établissement.

On est d'abord introduit dans une salle haute et spacieuse, faiblement éclairée par une lumière douce qui filtre à travers les ouvertures de la voûte et tombe en cercles lumineux sur les dalles. Une buée tiède règne dans cette pièce. C'est la salle de repos, chauffée à une température modérée. Sur tout le pourtour on a pratiqué dans l'épaisseur du mur des niches, avec une estrade tendue de moelleux tapis. C'est là qu'on vient se reposer des fatigues du bain.

De la salle de repos on passe dans une sorte de grand couloir obscur, chauffé par la vapeur qui s'exhale des piscines voisines et qui sert de vestiaire.

Enfin, du vestiaire on entre dans les piscines.

On est ainsi préparé, par une gradation successive de température à la chaleur du bain qui n'est jamais moindre que quarante degrés.

En sortant de la piscine vous appelez le masseur qui vous étend sur une estrade en bois recouverte d'une peau de mouton, et là vous essuie, vous frictionne, vous frotte et vous broie dans tous les sens et sur toutes les coutures. L'opération finie vous allez vous étendre à moitié rhabillé sur un des lits de repos de la première salle. Votre opérateur vous a suivi et vous entoure d'une épaisse couverture de laine, sous laquelle vous ne tardez pas à transpirer abondamment. Au bout d'une heure vous êtes revenu à votre état normal et vous pouvez vous rhabiller ou prendre un deuxième bain d'eau tiède si vous le jugez à propos.

Les Arabes achèvent ordinairement leur journée dans le Hammam en buvant le café et fumant des cigarettes.

Quant à nous, comme l'heure du dîner approchait et que le bain nous avait creusé l'estomac, nous nous sommes élancés au dehors, parfumés à l'eau de rose et légers comme la plume.

Après dîner, nous avons été fumer un cigare sur *la Marine* (les grands boulevards de Tunis) et voyant le théâtre italien ouvert, nous sommes entrés. Quand je dis « théâtre » n'allez pas vous figurer une grande salle hémicirculaire, fermée de tous côtés, éclairée par un lustre et garnie de trois étages de balcons ; la scène seule est couverte, les spectateurs sont en plein air sous des arbres : quelque chose comme l'Alcazar d'été ou les Ambassadeurs. Cependant, je dois dire à l'avantage du théâtre tunisien qu'on y est commodément assis, sans être mis à la torture par une barre de fer qui vous meurtrit les genoux et une table du même métal qui vous enfonce la poitrine. On peut fumer et boire à son aise sans craindre que votre *chef de file* vous fasse culbuter d'un coup d'épaule votre bock sur les genoux.

Quant au public, il est fort mélangé, on y voit depuis la grande dame tunisienne (ce n'est pas beaucoup dire) jusqu'au cocher de fiacre et au marinier maltais. Il va sans dire que l'élément italien domine dans la salle, puisque c'est la langue employée par les acteurs.

On nous a servi un drame larmoyant dont je ne me rappelle plus le titre : il y avait sur l'affiche un tas de mots en *a* et en *i* dont j'en ai perdu la souvenance. J'aurais préféré entendre Thérésa ou même madame Kaïser ; mais il paraît que la colonie dédaigne le genre *beuglant* et veut du drame à toute force.

Il paraît qu'avant notre arrivée ici, l'impressario donnait à son public des pièces où l'on s'amusait à manger du Français, mais depuis que ceux-ci ont envahi Tunis, on joue des pièces d'Alexandre Dumas adaptées (?) à la scène italienne.

J'ai beaucoup fumé, pas mal bu et pas du tout écouté. Je m'amusais à étudier les *binettes* des spectateurs qui valaient certes bien celles des cabotins.

Nous regagnons paisiblement l'hôtel Bertrand vers minuit. A cette heure-ci les rues sont désertes et pour rentrer chez soi il faut marcher avec précaution pour ne pas se buter à chaque pas contre un gros paquet blanc étendu sur le trottoir. Ce gros paquet blanc est un Arabe, enveloppé dans son burnous, qui ronfle consciencieusement. Les portefaix, les décrotteurs, les marchands d'allumettes, les cochers et tous les gens du peuple en général n'ont pas d'autre lit.

La nuit venue ils choisissent un trottoir confortable où ils soient à l'abri des roues, et s'étendent moelleusement sur la pierre en attendant que le jour vienne les rappeler à leur travail.

Avant de me coucher, j'ouvre un instant ma fenêtre et, accoudé sur mon balcon, je contemple l'aspect de Tunis au clair de lune : la vieille cité musulmane est endormie, on ne voit que toits blancs coupés d'ombres noires ; c'est comme un chaos de rochers gigantesques où les rues forment autant de précipices. Les dômes des mosquées s'arrondissent lourdement sur leurs gros cubes de plâtre et la flèche des hauts minarets projette à travers la ville une ombre invraisemblable qui s'en va mourir dans la campagne.

Sur le lac où la lune se mire on entend le clapotement léger des vagues et parfois le cri d'un flamand poursuivant sa pêche nocturne. Une brise tiède arrive de la mer, fait frissonner le lac en passant et va se perdre dans la vallée.

Que se passe-t-il dans cette grande plaine baignée d'ombre ? Ces ténèbres m'inquiètent. Derrière ce gros massif isolé, mystérieux comme un temple Indien, que voit-on ? Nos camarades dorment-ils tranquillement sous la tente, ou sont-ils aux prises avec une armée de sauvages hideux éclose tout à coup au milieu de la nuit ?

Dans ce pays étrange, où tout nous est inconnu, hommes et choses, quel est l'avenir qui nous attend ? Où allons nous ? A Zaghouan nous a-t-on dit. Et après Zaghouan ?

Et que t'importe à toi, pauvre soldat obscur perdu au milieu de cette immense armée dont tu es la deux cent millième et infinitésimale partie ? Que te mêles-tu de raisonner, ton devoir est de marcher et d'obéir !

Cette sage réflexion qui me semblait inspirée par Mahomet en personne est venue me tirer de ma rêverie et, quittant mon balcon, je n'ai fait qu'un saut jusqu'à mon lit.

Un lit ? Un vrai lit ? Avec des draps ? Est-il Dieu possible ! O bonheur ineffable ! Ah, c'est que vous ne savez pas ce que c'est que de coucher pendant deux mois sur la dure ! Oui, la dure ; ici il n'y a pas de métaphore et le sol de la Tunisie mérite bien ce nom !

9 Septembre.

Et bien, c'était encore une illusion ! Je n'ai pas pu fermer l'œil de la nuit. D'abord je n'étais plus habitué aux rondeurs du matelas, il me semblait que j'enfonçais dans un sable mouvant, ensuite j'ai été dévoré par les moustiques. Voilà ce que c'est que d'aller rêver sur son balcon en aspirant la brise du lac.

Pendant ce temps-là les uhlans ailés envahissent votre alcôve. Je me suis aperçu trop tard que mon lit était pourvu d'un moustiquaire, et lorsque j'ai voulu baisser le rideau protecteur je n'ai réussi qu'à m'emprisonner avec mes terribles ennemis.

« Il ne s'agit pas de perdre notre temps ici, et puisque nous rentrons demain dans le sable et la sauvagerie, profitons de notre dernière journée pour aller voir Carthage ». Voilà le raisonnement que j'ai tenu ce matin à mon ami Patureau et le brave garçon a accepté ma proposition avec enthousiasme.

Nous nous embarquons sur le chemin de fer

de la Compagnie Rubattino qui conduit à la Goulette et par un embranchement à la Marsa. Qu'on me permette ici d'adresser mes compliments à la Compagnie italienne (une fois n'est pas coutume) sur son heureuse innovation.

Au lieu des horribles boîtes dans lesquelles on entasse en France les voyageurs jusqu'à complet étouffement, on a installé ici des wagons commodes et bien aérés, munis d'une galerie où tout en se laissant rouler on peut venir fumer à l'aise et prendre le frais en contemplant les eaux du lac.

J'ai remarqué que les Arabes, les Juifs et les Mahométans de toutes les conditions montaient généralement en troisième classe, les Européens en deuxième et personne en première.

Pas taquins du tout, les employés de la Compagnie Rubattino ; la plus grande liberté est laissée aux voyageurs pour aller, venir, circuler à travers la gare, dans et hors du train. On monte quand on veut, on s'asseoit si on veut et on fume tant qu'on veut. Le train part à l'heure dite, tant pis pour celui qui n'est pas monté à temps.

Par exemple, j'ai trouvé un peu rudimentaire

le système employé pour le pesage des colis : un gros homme à lunettes bleues, muni d'une plume et d'un registre se tient dans le bureau ; un portefaix arrive et dépose sa malle devant lui, le gros homme saisit la malle par la poignée, la soulève un tantinet et déclare sans hésitation que votre caisse pèse 30, 50 ou 100 kilos. Cette décision est sans appel, vous n'avez plus qu'à vous exécuter et à payer le prix indiqué au tarif.

Nous voilà partis, nous voyageons avec les baigneurs de la Goulette. Tous les gros commerçants de Tunis, Juifs ou Maures sont là, mais ce n'est pas encore le *high-life*, car les grands personnages résident l'été au bord de la mer.

Nous rasons les eaux marécageuses d'El-Bahira et les flamands endormis sur une patte au bord de l'eau, la tête rentrée sous l'aile, ne daignent pas s'émouvoir des fusées de vapeur que la machine lance sur le lac.

Nous laissons filer nos compagnons de route et nous descendons à *la Marsa*, petite ville située au pied de la colline de Carthage.

La *Marsa*, en arabe « *le Port* » a donné son nom à toute une étendue de la côte occupée maintenant par des jardins et des villas au milieu desquelles se trouve la résidence d'été de notre consul.

Nous sommes ici en plein centre de l'ancienne Carthage. Nous marchons sur les ruines mêmes de l'antique cité. Ruines! c'est beaucoup dire.

La vérité c'est qu'il n'en reste rien.

Et c'est précisément ce néant qui confond!

Est-il possible que de la ville célèbre qui a rempli l'histoire de son nom il ne reste pas même un débri! Certes le « delenda Carthago » de Caton est accompli largement. Si le vieux Romain renaissait de ses cendres il serait amplement satisfait!

Il y a pourtant là-haut, au sommet du promontoire, quelques ruines qui indiquent qu' « ici fut Carthage » Nous gravissons péniblement la colline brûlée par le soleil et, comme Marius, nous nous asseyons mélancoliquement sur une pierre éboulée d'où l'on aperçoit quelques fûts de colonnes et les trous béants des anciens puits. Ces puits servaient de réservoirs et recevaient l'eau de l'aqueduc dont je vous ai parlé.

Il paraît qu'autrefois on trouvait encore des restes assez considérables de la ville romaine, bâtie elle-même sur les débris de la ville carthaginoise, mais les Arabes ont tout emporté pierre par pierre, pour construire les principaux édifices de la Goulette et la grande mosquée de Tunis.

Nous sommes allés saluer ensuite la statue de Saint-Louis placée à l'endroit même où le grand roi mourut. Elle est enfermée dans une chapelle commémorative construite dans le style mauresque et bâtie sous le règne de Louis-Philippe.

Chose étrange, les musulmans ont une grande vénération pour deux de nos grands hommes : Saint-Louis et Bonaparte. Je ne comprends guère leur admiration pour le premier, qui a combattu les païens et dont ils ne sont pas à même de comprendre les hautes vertus, mais je m'explique parfaitement leur enthousiasme pour le second dont la renommée leur est arrivée par l'Egypte à travers les peuples de l'Afrique septentrionale. Notez bien que c'est Bonaparte et non pas Napoléon qu'ils admirent. Bonaparte, celui qui eût le trait de génie sinon d'honnêteté de se faire un beau jour mahométan et qui se gagna ainsi les cœurs de tous les croyants.

C'est ainsi que le docteur Louis Frank raconte qu'il fut accosté un jour dans les rues de Tunis par un mendiant qui lui demanda « *La caritad per l'amor della santa trinitad e del grand Bonaparte.* »

A côté de la chapelle se trouve le couvent des Pères de Carthage où l'on donne l'instruction aux enfants. Les Pères admettent parmi leurs élèves les juifs et même les musulmans et beaucoup de maures de Tunis n'hésitent pas à leur envoyer leurs fils. Ceci fait l'éloge de l'esprit libéral des uns et des autres et pourrait servir d'exemple à bien des pays plus civilisés.

De là nous nous dirigeons vers la Goulette par le bord de la mer, et en attendant le train de 6 heures pour Tunis nous nous installons sur la terrasse du *Casino*.

L'établissement de bains qui a pris ce titre un peu prétentieux est une simple construction en bois, bâtie sur pilotis. Tous les soirs, le dessus du panier de la population tunisienne et toute la colonie française et italienne se réunissent ici pour prendre les bains et jouir de la fraîcheur de la mer.

De la vaste rotonde qui domine le golfe on a la vue de la rade et de ses baigneurs en prenant son vermouth. Les vestons de laine blanche des colons, les tuniques galonnées des officiers et les gandourahs éclatantes des négociants mauresques s'y mélangent fraternellement.

A 7 heures nous sommes en train de dîner à Tunis et à 10 heures nous regagnons nos tentes à la Manouba, car, il s'agit de se lever demain matin à l'aurore.

10 Septembre.

Nous avons quitté la Manouba ce matin avec un convoi de vivres à destination de Bir-el-Bey.

Notre route longe le bas du grand cimetière de Tunis qui s'étage sur le flanc d'une colline aride. Les tombes, entassées les unes sur les autres, présentent de loin l'aspect d'une vaste carrière. La plupart sont recouvertes d'une simple pierre où la croix est remplacée par une colonette surmontée d'un turban. Cà et là on voit quelques mausolées, mais ils sont rares.

Pas un arbre n'abrite ces monuments et l'aspect de cette nécropole désolée est plus triste encore que nos champs de cyprès.

Nous traversons dans toute sa longueur la Sebka de Sedjouni desséchée en cette saison.

Rien de plus pénible que de piétiner sur ce sol formé d'un mélange de sable et de sel cristallisé.

Le pied s'enfonce à chaque pas dans des ornières remplies de cristaux blancs qui craquent sous la semelle comme de la neige durcie. Une reverbération aveuglante et douloureuse fatigue les yeux. Entre un ciel de feu et un sol éclatant de blancheur, la vue ne sait où se reposer ; bientôt la tête se trouble et des hallucinations pénibles envahissent le cerveau.

Voilà trois heures que nous marchons sur ce sable glissant et nous avons à peine fait dix kilomètres. A chaque instant il faut s'arrêter pour laisser souffler les chevaux qui n'en peuvent plus, souvent il faut pousser à la roue pour dégager une voiture qui s'enfonce dans le sable jusqu'à l'essieu.

Gens et bêtes, tout le monde est harrassé et mourant de soif. Pas un arbre dans cette affreuse plaine qui puisse permettre un moment de halte à son ombre bienfaisante!

Enfin, voici la mer ! Son apparition est saluée

d'un cri de joie, car elle nous annonce le voisinage du camp. Sur le rivage s'étend un grand bois d'oliviers où nous trouverons un peu d'ombre et plus loin on voit un douar entouré de cactus où nous aurons de l'eau. De l'eau! cette vue seule nous donne des ailes et fait disparaître la fatigue. Par exemple, une chose m'étonne, je ne reconnais pas du tout les environs de Bir-el-Bey qui nous sont pourtant bien connus. N'importe, là-bas nous nous reposerons, nous étancherons notre soif, marchons !

Nous marchons et, chose étrange, à mesure que nous avançons la bienheureuse vision semble nous fuir ; les objets au lieu de grandir en s'approchant rapetissent à vue d'œil !

Le bois d'oliviers n'a déjà plus la taille que d'une misérable broussaille, la mer se retire peu à peu pour faire place au sable aride de la plaine, le douar s'efface et disparaît !

Nous nous sommes arrêtés consternés. Je me retourne machinalement vers le caporal Pinchot qui chemine silencieusement à côté de moi.

J'ai toujours recours à sa vieille expérience pour les problèmes difficiles à résoudre : « Mirage ! » me dit le vieux troupier en répondant à

14

mon interrogation muette. Puis me désignant un point à l'horizon : « Voilà le camp. »

Je regarde dans la direction indiquée ; en effet, par dessus un monticule de sable qui cache en partie la vue on aperçoit les montagnes de Bir-el-Bey.

Mais que nous sommes encore loin du but!

Jamais je n'aurai la force d'arriver jusque là, je me sens malade, la tête me tourne, mes jambes faiblissent, je vais demander au lieutenant du train la permission de grimper sur une voiture . . . .

13 Septembre.

J'ai dû interrompre mon journal pendant trois jours que je viens de passer à l'ambulance.

Que je vous rassure tout de suite en vous disant que me voilà sur pieds et prêt à reprendre ma place dans le rang.

Je suis arrivé à Bir-el-Bey l'autre jour avec un commencement d'insolation ; peu après m'être étendu sous la tente, je fus pris par le délire et la fièvre et le docteur dut me faire transporter à l'ambulance.

C'est un séjour qui n'a rien de gai et j'ai été bien heureux quand, ce matin, en passant à sa visite, le major m'a annoncé que ce soir je pourrais rentrer à ma compagnie.

Nous sommes douze, entassés sous une grande tente conique qui sert d'infirmerie. Le poteau central qui soutient la tente sert aussi à supporter les tablettes où sont rangés les médicaments. Tout autour sont disposés les lits qui forment comme les rais d'une roue dont le poteau serait l'essieu.

On n'admet ici que les plus malades, ceux qui réclament les soins assidus du docteur, car les grandes tentes commencent à se remplir avec une rapidité désespérante.

J'ai à côté de moi un malheureux fantassin rongé par la fièvre, qui demande à boire à tout instant, et de l'autre côté un artilleur qui a constamment le délire. Il croît toujours voir des Arabes qui viennent l'attaquer. De temps en temps il se lève sur son séant, se saisit de tous les objets qui sont à sa portée et les envoie à la tête de ses camarades.

Vous jugez comme j'ai bien pu dormir et me reposer entre ces deux gais compagnons ! Je préférerais faire quinze jours de marches forcées que de rester vingt-quatre heures de plus ici.

14 Septembre.

Il paraît que nous allons dire adieu pour tout de bon au camp de Bir-el-Bey. Les ordres viennent d'être donnés pour le départ qui s'effectuera demain matin au point du jour.

Nous allons à Zaghouan où se fait en ce moment un grand rassemblement de troupes.

Vous croyez peut-être que cela nous contrarie et que nos dernières fatigues nous ont dégoûté des expéditions aventureuses ? Eh bien, pas du tout, nous sommes aussi contents de quitter Bir-el-Bey que nous étions contents d'y arriver.

Quinze jours passés ici nous ont suffi pour nous faire prendre le repos du camp en horreur, et maintenant nous sommes enchantés d'aller nous éreinter un peu.

Les officiers de l'état-major de la Manouba sont venus ce soir souhaiter bon voyage aux nôtres. Placé dans la tente du capitaine où j'étais en train de copier un rapport, j'entendais tout ce qui se disait. Ces messieurs avaient lu le récit de nos combats, mais ils ne pouvaient en croire leurs yeux et demandaient si tout cela était bien vrai ? (*sic*).

Eux qui n'ont vu jusqu'à présent en fait d'Arabes que les Khroumirs et les décrotteurs de Tunis, ils ne peuvent croire que nous ayons rencontré des Arabes assez méchants pour se défendre et assez osés pour répondre à nos coups de fusils. Messieurs de l'Etat-major vivent sur les souvenirs de la Khroumirie où l'on n'a rencontré qu'un marabout octogénaire pendant toute la campagne.

Du reste, cette opinion qui est partagée par beaucoup de généraux, est le résultat d'un mot d'ordre parti du ministère, et ce mot d'ordre est : « Tout va bien ! »

Après la prise de Sfax, il a été décidé qu'on ne devait plus rencontrer un seul ennemi.

Il est entendu que le dernier des fanatiques Musulmans a succombé sous les remparts de la

14.

ville, et ceux qui restent, ne sont plus que des pouilleux qu'on chassera à coups de bâton.

En Khroumirie, il fallait des combats à toute force ; on se serait plutôt battu contre les troupeaux de moutons ! Mais à présent, il n'en faut plus. L'opinion publique qui riait de nous voir battre les broussailles en pure perte, commence à s'agiter en voyant les Français tomber sous les balles arabes : ménageons l'opinion publique. Donc, il n'y aura pas de combats.

Pas plus que de malades, il n'y en aura pas davantage. L'Agence Havas a ordre d'annoncer que nos soldats sont trop gras et qu'on est obligé de les saigner.

15 Septembre.

Nous venons d'arriver après une étape longue et pénible à *Mohammedia* où se trouve le palais de l'ancien Bey Mohammed le Magnifique qui en avait fait sa résidence d'été.

Ce palais, abandonné aujourd'hui, est en train de tomber tout doucement en ruine, et les bâtiments environnants sont devenus la propriété des pasteurs d'alentour qui ont établi leurs bœufs dans les cuisines et leurs chèvres dans le harem. Toute une immense galerie voûtée s'est effondrée et ces colonnes perdues dans les décombres, ces morceaux de voûte accrochés aux arcades, ces murs isolés tenant encore debout comme par miracle, présentent un aspect lamentable.

En parcourant les salles désertes de ce palais qui ressemble à celui de la Belle au Bois-Dormant, j'en trouve une dont le mobilier subsiste encore, et quel mobilier ! Des fauteuils style Empire achetés à quelque vente aux enchères d'une ville de province, des tabourets démodés, des consoles en acajou plaqué, rehaussées de clinquant. Sur les murs, une hideuse cretonne jaune à quinze sous le mètre s'étale sans vergogne faisant, avec les peintures mauresques et les ogives orientales, le plus bizarre contraste.

Et dire que ce brave homme de Bey a dû payer tout cela un argent fou, en se félicitant tout bas de posséder un vrai boudoir parisien.

A voir les fontaines, les aqueducs, les bassins qui subsistent encore autour du palais, on voit qu'on avait fait de grands frais pour l'aménagement des eaux, mais tout cela est ruiné, démoli comme tout le reste.

Quel drôle de peuple, qui préfère se griller au soleil plutôt que de se donner la peine de placer deux pierres l'une sur l'autre ou seulement d'empêcher de tomber celles qui sont déjà placées !

16 Septembre.

Nous avons passé pour arriver à *Sidi-Bou-Hadjéba* où nous sommes campés, sous le plus bel aqueduc que j'aie encore vu. Cet aqueduc, de construction romaine ou peut-être bien carthaginoise, amenait autrefois les eaux du Zaghouan à Carthage. Après avoir traversé toute la vallée de la Milianah sur deux cents arcades immenses, l'eau traversait dans des conduits souterrains tout le massif qui s'élève à l'ouest du lac Sedjouni et, passant devant Tunis, arrivait à Carthage par un nouvel aqueduc.

Aujourd'hui, ces magnifiques constructions

ne sont plus que des souvenirs ; l'eau est emprisonnée dans un conduit à fleur de terre qui suit à peu près le même chemin que l'ancien aqueduc mais s'arrête à Tunis.

Les Arabes avaient trouvé charmant, il y a quelques jours, d'obstruer le conduit et pendant trois jours les habitants de la Capitale se trouvèrent réduits à la portion congrue. Heureusement que les troupes qui nous ont précédé arrivaient à ce moment à Zaghouan et les soldats du génie s'empressèrent de déblayer le canal. Il était temps, car les réservoirs de Tunis commençaient à s'épuiser. Vingt-quatre heures de plus et la population se trouvait sans eau.

Les braves Tunisiens en ont été quittes pour la peur, mais ils ont eu une belle peur !

Un pont moderne, assez joli d'aspect, est jeté sur l'Oued-Milianah à l'endroit même où passait autrefois l'aqueduc.

Si vous voulez vous faire une idée de la Milianah, le plus grand fleuve de la Tunisie après la Medjerdah, représentez-vous la Bièvre par un temps de grande sécheresse. Quant aux autres ruisseaux de la Tunisie, ils n'ont jamais possédé d'eau que sur la carte.

. . . .

Toujours pas d'Arabes, du moins pas d'Arabes guerriers, car on rencontre çà et là des pâtres à mines rébarbatives qui n'osent rien nous dire parce que nous sommes en force, mais qui, je crois, nous salueraient très-bien d'un coup de fusil s'ils nous surprenaient à nous promener sentimentalement dans la campagne.

Nous sommes campés à une extrémité de la plaine, à l'entrée d'un défilé où les insurgés s'étaient massés il y a une dizaine de jours et où ils attaquèrent violemment les premières troupes qui suivaient le chemin de Zaghouan. Peut-être bien nous attendent-ils pour nous jouer le même tour demain matin.

17 Septembre.

Nous partons de Sidi-Bou-Hadjéba à cinq heures, et nous quittons les grandes plaines où nous avons marché jusqu'à présent, pour nous enfoncer dans les montagnes.

La route traverse ici le massif du *Kranguet Jobbia* et pénètre dans le défilé dont je vous parlais hier.

Nous trouvons sur la route des traces du combat qui s'y livra dernièrement : deux carcasses de chevaux morts sont là tout près, à moitié rongées par les chacals et plus loin nous trouvons les débris d'une charrette dont le brancard est brisé et l'essieu rompu. A côté est une barrique de vin toute pleine et religieusement respectée par les Arabes. J'espère que voilà des gens, fidèles observateurs des préceptes du Coran, tout brigands qu'ils sont!

Dans cette affreuse gorge, la route est à peine tracée ; tantôt elle s'élève sur des roches escarpées, cotoyant un précipice, tantôt elle s'enfonce dans un ravin entre deux rochers à pic.

Nous n'avançons que lentement, couronnant successivement toutes les hauteurs qui bordent la route, pour protéger le convoi contre une surprise. Cette précaution est indispensable, car les Arabes pourraient s'embusquer dans les rochers qui surplombent la route et s'avancer sans être vus jusque sur nos têtes.

Les cavaliers sont groupés autour du convoi

et chargés d'aider les conducteurs. Ils ne pourraient ici faire leur service habituel de flanqueurs : pour enjamber les broussailles et gravir les roches escarpées amoncelées au flanc de la montagne, il faut les jambes du fantassin. Les cailloux roulent sous les pieds et souvent on est obligé de s'accrocher aux broussailles pour ne pas tomber avec eux dans l'abîme. A chaque instant il faut s'arrêter pour faire serrer le convoi, secourir une voiture en détresse et laisser souffler les chevaux.

Enfin, nous atteignons le sommet du défilé ; maintenant le plus difficile est fait, il n'y a plus qu'à se laisser descendre en pente douce sur l'autre versant.

Le pays change alors d'aspect et nous nous trouvons dans une vaste plaine semée de massifs de lentisques qui en font comme un jardin à travers lequel serpenteraient mille sentiers.

La route est ici meilleure, mais non plus sûre, car les touffes d'arbustes qui la bordent des deux côtés empêchent de voir à dix pas devant soi.

Nous avons déjà fait près d'une lieue sans encombres, lorsque tout à coup des coups de fusils partent sur notre droite et presque aussitôt un chasseur arrive au galop racontant que des Arabes, embusqués dans un douar voisin, viennent de tirer sur la colonne.

Ce douar, que nous ne pouvions apercevoir à cause des hauts buissons de lentisques qui nous entouraient, était situé à deux ou trois cents mètres de la route, sur une sorte de contrefort s'élevant en pente douce vers la montagne.

C'est cette position que les Arabes ont choisie pour nous tendre une embuscade. Bien cachés derrière les haies qui entourent le douar, ils ont attendu le passage de la colonne et, les chasseurs qui nous flanquent à une centaine de mètres sur la droite, ont essuyé leur premier feu.

Ma section, qui est la plus rapprochée de l'ennemi, est immédiatement déployée face à lui et nous nous avançons dans la direction du douar conduits par le cavalier qui est venu donner l'alerte.

Arrivés sur la lisière des lentisques nous faisons sur la position ennemie une première décharge qui reste sans réponse. Nous continuons à avancer, pas un coup de fusil n'arrête notre marche. Nous pénétrons dans le jardin de l'habitation, personne.

Mais d'un gourbi placé tout au fond du jardin, nous entendons bientôt sortir des cris lamentables.

Nous approchons et nous nous trouvons en face d'une hutte en terre du plus misérable aspect, construite au milieu d'une broussaille épaisse et recouverte de branchages desséchés.

Nous écartons à coups de crosse les branches qui obstruent l'entrée et nous cherchons à voir ce qui se passe à l'intérieur du gourbi d'où l'on entend toujours sortir les mêmes plaintes douloureuses. Nous n'apercevons d'abord qu'un fouillis d'objets informes et de loques misérables, mais bientôt, nos yeux s'accoutumant à l'obscurité nous finissons par distinguer deux êtres humains, l'un étendu tout de son long sur le sol et l'autre accroupi auprès de lui. Ce dernier est une femme, ses cheveux sont en désordre, ses vêtements déchirés ; elle tient sur ses genoux la tête de l'homme couché devant elle et de ses mains tremblantes essaye d'arrêter le sang qui coule sur son front.

En nous voyant, ses gémissements redoublent,

elle laisse échapper un flot de paroles entrecoupées de larmes auxquelles nous ne comprenons rien et ses gestes indiquent tantôt la plaine et tantôt la montagne.

Vite, on appelle le docteur et l'officier qu parle Arabe, les deux hommes indispensables de la colonne ; pendant que l'un fait un premier pansement au blessé, l'autre interroge la femme. Celle-ci lui raconte que les insurgés dont nous avons essuyé les coups de fusil ont envahi son douar la nuit dernière et se sont levés au petit jour pour aller s'embusquer derrière les haies où ils attendaient notre passage.

Son mari, voulant s'opposer à ce projet criminel, l'un d'eux tira son sabre et l'étendit sur la place ; quant à elle, saisie de frayeur et croyant son mari mort elle se sauva dans les broussailles.

Après les premiers coups de fusil, voyant que nous arrivions en force pour les débusquer, les Arabes avaient filé derrière les haies, avaient enfourché leurs chevaux attachés derrière le douar et s'étaient enfuis au galop dans la montagne, en suivant le fond d'un ravin où on ne pouvait les apercevoir de la plaine.

Tout cela peut être vrai comme aussi ce peut

être une des *craques* que les Arabes savent si bien inventer pour les besoins de leur cause. En tout cas, pour plus de sûreté, tous deux vont être emmenés à Zaghouan, le blessé étendu sur une civière et sa femme placée entre deux soldats.

Mais en sortant du douar, un incident inattendu se produit : la femme qui semblait disposée à suivre fort tranquillement ses gardiens, semble tout à coup vouloir se dérober à leur surveillance et prendre un chemin tout différent de celui où on veut l'emmener.

Elle fait des gestes incompréhensibles, pousse des cris sauvages, s'arrache les cheveux et refuse positivement d'avancer. Il faut employer la force, et quatre hommes vigoureux sont obligés d'emporter la *mouker* jusqu'au convoi. Elle n'est pas encore calmée et semble chercher quelqu'un autour d'elle.

Tout à coup elle aperçoit celui qu'elle veut, c'est l'officier qui vient de l'interroger ; elle ne fait qu'un bond jusqu'à lui et se précipite aux pieds de son cheval en joignant les mains. Après quelques mots d'explication, l'officier sourit, appelle un chasseur à cheval et lui donne quelques ordres à voix basse.

Le chasseur part au galop, se dirigeant vers un épais buisson situé au pied de la montagne. Au bout de dix minutes nous le voyons revenir au pas, tenant un gros paquet blanc qu'il tient précieusement serré contre sa poitrine, il a l'air d'une nourrice tenant son poupon.

C'en était un, ma foi ! Un beau poupon joufflu qui ouvre de grands yeux étonnés et que sa mère reçoit avec des transports de joie.

La *mouker* avait laissé son enfant dans sa cachette comptant le reprendre plus tard ; en sortant du douar elle avait songé à l'aller chercher, mais les soldats qui la gardaient, fidèles observateurs de la consigne, n'avaient jamais voulu la laisser s'écarter du chemin prescrit. De là le désespoir de la pauvre femme et ses cris de détresse.

Après cette scène dramatique, la marche est reprise et nous arrivons sans autre aventure à Zaghouan.

A l'entrée du camp nous sommes reçus par le général qui commande le camp, entouré de son état-major et par toutes les troupes accourues sur le front de bandière pour nous saluer au passage.

18 Septembre.

Le camp est assis au pied du Djebel-Zaghouan dont la grosse masse noirâtre s'élève presque à pic en face de nous.

Nous sommes au milieu d'une plaine agréable remplie de jardins et de vergers. En arrivant, nous avons été tout surpris de trouver cette verdure à laquelle nos yeux ne sont guère habitués. Cette fertilité est due aux sources abondantes qui coulent de la montagne.

Les tentes ont été placées sur une vaste terrasse plantée de lauriers et de haies de cactus qui forment autant de barrières naturelles entre les différentes troupes.

Nous avons ici neuf bataillons d'infanterie, trois batteries de montagne, trois escadrons de cavalerie, cent cinquante voitures et trois cents mulets. Plus des troupes du génie et de l'administration.

Toute une armée, comme vous voyez !

Ces forces ne sont pas exagérées, elles sont même nécessaires pour tenir les Arabes en respect. Une troupe pareille n'a rien à craindre d'eux, parce qu'ils ne recruteront jamais assez de monde pour pouvoir l'attaquer avec succès, mais ils ne se feront pas faute de tomber sur une petite colonne qu'ils savent pouvoir envelopper facilement, comme celle que nous formions en allant à Hammada.

Toutes les attaques qu'ils ont tentées jusqu'à présent sur le chemin de Zaghouan étaient faites contre des bataillons isolés ou des convois faiblement escortés.

Les Arabes se rassemblent difficilement en grandes masses, car une même tribu couvre quelquefois des espaces immenses, et d'ailleurs avec une troupe trop nombreuse ils pourraient difficilement vivre sur le pays. A ce point de vue là, nous avons la supériorité sur eux, étant donné que nous transportons nos vivres avec nous et que vingt Français peuvent aisément tenir tête à cent Arabes, armés de fusils à pierre.

Mais les approvisionnements : voilà la grande difficulté.

Plus on aura d'hommes, plus il faudra de rations et plus il faudra d'animaux pour les porter. De là ces grands convois que nous traînons avec nous et qui entravent notre marche.

Nos ennemis retrouvent ici leur principal avantage, qui est d'avoir des colonnes légères, se transportant rapidement d'un point à un autre et des hommes vivant de presque rien. Lorsqu'une bande d'Arabes voudra nous échapper, cela lui sera toujours facile.

Le général qui commande ici, homme énergique, a commencé par faire fusiller les espions qu'il a trouvés rôdant autour du camp, puis il a sommé les tribus voisines de lui fournir de l'orge et, pour vaincre leur mauvaise volonté, il a pris comme otages les notables de Zaghouan. Depuis lors, l'orge arrive en abondance et, tous les matins, c'est une procession de *bourricauts* chargés de sacs et d'Arabes apportant leurs provisions.

A la porte du camp on trouve un véritable marché alimenté par les indigènes et même par les *mercantis* italiens qui, pour gagner quelques sous, n'ont pas craint de s'engager à la suite de nos colonnes dans les dangereux défilés du Kranguet.

Quelques-uns, qui ont été surpris isolés sur la route ont été dévalisés par les insurgés. Encore hier, l'un d'eux a vu son malheureux fils brûlé vif sous ses yeux par les sauvages et n'a sauvé sa vie qu'en se cachant jusqu'à la nuit dans les broussailles.

Mais cela ne décourage pas les autres, tellement ces gens-là ont l'amour du gain.

20 Septembre.

Hier, nous avons été faire une reconnaissance aux environs de Zaghouan et j'ai pu visiter la ville. Elle est intéressante à plus d'un point de vue : d'abord par sa position pittoresque au pied de la montagne où l'on voit des sources abondantes sourdre de tous côtés et se répandre ensuite dans la plaine en frais ruisseaux au milieu d'une forêt de lauriers et de lentisques, ensuite par les nombreuses ruines romaines dont elle est remplie. A l'entrée, on voit une belle porte, ornée d'une tête de bélier sculptée au-dessous de laquelle on déchiffre le mot latin AUXILIO. Il paraît que la ville était autrefois entourée de remparts auxquels la porte en question servait de poterne.

Un ancien temple romain a été converti par les habitants en mosquée. Deux larges perrons surmontés d'un bel arceau conduisent dans l'intérieur du sanctuaire ; au bas du temple, un vaste bassin reçoit les eaux qui coulent de la montagne. Malheureusement un grand nombre de pierres ont été arrachées à ces ruines ainsi qu'on peut s'en rendre compte par les nombreuses inscriptions latines qu'on retrouve sur les façades des maisons.

Zaghouan a aussi son industrie et cette industrie est celle des calottes tunisiennes en feutre rouge.

Un grand nombre de foulons se sont établis au bord des ruisseaux dont l'eau est excellente pour la teinture de ces bonnets.

Ce soir, les habitants de la ville ont voulu témoigner de leurs bons sentiments à notre égard en nous envoyant le *Kouskous*.

Le Kouskous est une espèce de gâteau fait avec de la semoule pétrie dans une très-petite quantité d'eau.

On laisse sécher la pâte et on l'assaisonne avec force oignons, force poivre et quantité de piment rouge.

On sert le tout dans un plat rempli de sauce tomate et agrémenté de tranches de pastèque. Vous voyez ça d'ici ! Il y a de quoi tomber à la renverse.

J'ai voulu y goûter et j'en pleure encore !

Le Kouskous est le plat obligé de toutes les grandes cérémonies. Qu'il s'agisse d'une noce, d'un enterrement ou d'une réception quelconque, le Kouskous fait toujours son apparition.

Les tribus qui demandent l'aman ne manquent jamais de l'offrir à leur vainqueur. Et lorsqu'un Arabe vous a offert le Kouskous (il n'y a que les grands chefs qui se permettent de pareilles prodigalités) vous pouvez vous féliciter d'avoir été traité à l'égal des hôtes les plus illustres.

3 Octobre.

J'ai dû interrompre mon journal jusqu'à notre arrivée à Kairouan ; et bien malgré moi, je vous assure, mais un de ces diables d'Arabe qui m'en voulait probablement de toutes les malédictions que j'ai proférées contre sa race, m'avait mis dans l'impossibilité de vous écrire.

Voici la chose en deux mots : Nous venions d'arriver à *Foum-el-Karrouba*, petit village perdu au milieu des montagnes, mon bataillon avait été détaché en avant-poste, et nous avions déjà planté nos tentes sur une colline voisine du camp, lorsqu'une sentinelle vint nous prévenir que des Arabes descendaient en grand nombre de la montagne, paraissant avoir des intentions hostiles.

Immédiatement nous sautons sur nos fusils et nous nous précipitons sur la ligne des sentinelles.

Ma compagnie était seule en avant, car elle avait été la plus tôt prête et dans notre empressement à barrer la route à l'ennemi, mal informés par les renseignements un peu vagues du factionnaire, nous avions eu le tort de descendre en plaine et de trop nous écarter du bivouac.

Les Arabes, cachés derrière les broussailles, épiaient tous nos mouvements. Tout à coup nous voyons déboucher d'un ravin une cinquantaine de cavaliers lancés à fond de train et courant droit sur nous. J'ai à peine le temps de charger mon fusil et d'ajuster un grand diable d'Arabe qui se dirige de mon côté en brandissant son yatagan, mais j'ai visé trop précipitamment, ma balle s'est perdue dans le vide et j'ai le désespoir de voir mon ennemi continuer sa course en poussant un cri de victoire. Je vois encore d'ici sa figure ridée animée d'un rictus féroce, son bras s'abat, je vois un éclair passer devant mes yeux, et je reçois le coup de sabre en plein sur le bras qu'instinctivement j'ai levé au-dessus de ma tête.

En même temps je reçois un coup violent dans la poitrine et je tombe à la renverse, étourdi par le choc.

Quand je suis revenu à moi je me croyais en bateau ; j'étais comme ballotté par les vagues, ma tête roulait lourdement sur un oreiller placé derrière moi, j'avais positivement le mal de mer. J'essaye de changer de position, mais je me sens attaché par les épaules et par la ceinture, impossible de bouger. Un soubresaut plus vif me fait pousser un cri de douleur, je réussis à soulever ma tête, j'ouvre les yeux et je m'aperçois que mon prétendu bateau marche sur quatre pattes et qu'il est tenu en laisse par un cavalier du train !...

J'étais tout bonnement en cacolet et ce que j'avais pris pour le va-et-vient du bateau était tout simplement le pas du mulet sur lequel on m'avait solidement attaché. « Ne bouge donc pas, sacrebleu, tu vas encore te faire du mal ! » La voix qui vient de prononcer ces paroles semble sortir des flancs du mulet, mais ne pouvant croire que le mien soit comme l'ânesse de Balaam, je regarde en vain de tous côtés. « Ne bouge pas, je suis là derrière toi, je suis monté pour te faire contre-poids. »

Cette fois, je reconnais l'organe de mon ami Patureau.

C'est lui en effet qui me parle, il est là derrière moi installé dans le siège qui fait pendant au mien.

Vous savez qu'un cacolet n'est autre chose qu'un bât muni de deux fauteuils pendant de chaque côté, or, quand un blessé s'est installé dans le fauteuil de droite, il faut absolument un autre blessé dans le fauteuil de gauche pour empêcher le bât de faire bascule ; à défaut de blessé on y met un homme valide, et c'est le rôle que remplissait Patureau qui, dans le double but de m'être utile et de se faire porter sans fatigue, s'était bien vite emparé du siège vacant.

A présent, lui dis-je, en replaçant ma tête sur les couvertures qui me servaient d'oreiller, raconte moi un peu ce qui s'est passé.

Patureau, placé à côté de moi pendant le combat m'avait parfaitement vu tomber ; il paraît que tout occupé de mon antagoniste placé à ma gauche, je ne m'étais pas inquiété de ce qui se passait devant moi et j'avais été renversé par le cheval du cavalier voisin dont la tête avait donné en plein sur ma poitrine.

Après ma chute, les cavaliers Arabes avaient encore fait une centaine de mètres emportés par leur élan, mais ils avaient été accueillis par le feu des compagnies qui accouraient derrière nous et obligés de se replier. D'autres étaient revenus à la charge, mais sans plus de succès et après un combat d'une heure environ les Arabes étaient définitivement repoussés. L'artillerie, prenant position sur la colline, avait achevé de balayer le terrain.

On avait alors songé aux blessés et fait venir les cacolets pour les transporter à l'ambulance de la brigade.

C'est alors seulement que j'avais repris connaissance.

Mon bras était placé en écharpe dans mon mouchoir épinglé à ma capote. J'essayai de soulever mon poignet et j'y parvins avec beaucoup de peine, à partir de ce moment-là je fus tranquille, car j'avais craint d'avoir le bras cassé.

En arrivant à l'ambulance on me fit un deuxième pansement et presque aussitôt je m'endormis profondément jusqu'au lendemain matin. Je me réveillai avec un peu de fièvre, mais ma fatigue de la veille et cette lourdeur de tête insupportable avaient disparu et depuis je n'ai cessé d'aller mieux.

J'ai le bras gauche entamé jusqu'à l'os, mais comme mon adversaire a frappé du côté montoir et qu'il était gêné dans cette position, il n'a pu agir avec toute sa force. Je dois certainement à cette circonstance de n'avoir pas le bras fracturé.

Depuis ce moment, j'ai fait la route dans une voiture d'ambulance et je m'en voudrais beaucoup de n'être plus qu'une machine encombrante et inutile s'il nous avait fallu combattre encore; mais nos dernières étapes n'ont pas été troublées par un seul coup de fusil et les abords de Kairouan qu'on croyait si dangereux ont été franchis sans obstacle.

Par exemple, je crois que mes pauvres camarades ont bien souffert de la chaleur et de la soif depuis Foum-Karrouba jusqu'ici. L'eau était rationnée et notre seul petit bidon devait nous suffire pour toute la journée! Moi ça ne m'a pas privé beaucoup, mais ceux qui font la route à pied!

Quand je songe à la triste mine que nous faisions lorsque nous arrivions à la dernière goutte de ce précieux bidon qui s'était peu à peu vidé sur la route! Mais aussi, en arrivant à l'étape, quelle joie, quel délire quand on apercevait une fontaine, un puits, une citerne quelconque!

Comme on guignait de l'œil la source bénie! Et quand la corvée revenait avec les grands seaux en toile remplis jusqu'au bord, comme on se précipitait pour arriver le premier! Comme on absorbait avec délices la liqueur bienfaisante! Quelle jouissance divine de sentir couler à travers son gosier brûlant ce baume rafraîchissant!

Boire! C'était la première chose. Avant de déployer la tente, avant d'oter son sac, avant de rien faire, il fallait boire!

Si on n'avait pas bu, on serait mort. Ici, on ne boit pas et il faut vivre. Le matin on a dit au malheureux troupier en lui remplissant son petit cruchon de fer-blanc : « En voilà pour vingt-quatre heures! » Et le malheureux n'ose plus toucher à son eau, il est condamné au supplice de Tantale, avec cette différence qu'il traîne son supplice avec lui ; de temps en temps, il prend le bidon dans sa main et le contemple d'un œil d'envie, il le secoue à son oreille pour savoir combien il en reste, il va même jusqu'à faire sauter le bouchon, il le fourre sous son nez et trouve que ça sent bon, mais la réflexion arrive : « Si tu bois, tu seras condamné à manger ton pain sec et tu seras dévoré toute la nuit par la soif ! » L'infortuné replace le bidon derrière lui et continue sa route en mâchonnant un brin d'herbe pour se donner un peu de salive !

Ma fièvre a beaucoup diminué et, mon bras en écharpe, ne m'empêche pas de mettre le nez dehors et de faire à l'occasion un petit tour de promenade. Aussitôt que j'ai pu, je me suis empressé d'aller visiter Kairouan.

Pour commencer par les environs, la campagne n'est pas belle. C'est une grande plaine stérile où pas un arbre ne pousse. Le terrain est bas et doit être marécageux à la saison des pluies, mais en ce moment les sebkas d'alentour sont desséchées et leur place n'est plus indiquée que par un sol tout crevassé. Cependant, à une centaine de mètres de la ville, on trouve un vaste étang auprès duquel est une citerne où se recueillent les eaux pluviales. La citerne fournit l'eau potable aux habitants et l'étang sert à abreuver les bestiaux, à laver le linge et aux autres usages journaliers.

Quant à la ville en elle-même elle n'a rien d'extraordinaire si ce n'est son cachet oriental très-prononcé et sa mosquée qui est réputée comme la plus belle des Etats barbaresques.

Le commerce de Kairouan est très-actif, on y fabrique de la poterie, on y prépare les peaux de moutons et on y tisse certaines étoffes de laines.

La ville est entourée de murailles assez bien conservées, mais qui seraient absolument nulles comme obstacle défensif.

Les Kairouanais nous regardent en général avec cet air d'indifférence, habituel aux Arabes; du reste, tous les défenseurs fanatiques de la ville sainte sont partis ; ceux qui sont restés ici sont des commerçants qui voient notre passage dans la ville plutôt avec joie qu'avec peine.

En somme, tous ces grands préparatifs, tous ces déploiements de troupes autour de la ville sainte ont abouti à un *fiasco*.

Pendant trois jours, on voyait affluer ici une forêt de pantalons rouges ou bleus, une multitude de tuniques, de dolmans, de vestes de toutes formes et de toutes couleurs et quand tout le monde a été rassemblé, on s'est regardé en riant. Je pense que notre éclat de rire a dû retentir dans toute la France, malgré les journaux à réclame, qui n'auront pas manqué d'annoncer la *prise de Kairouan* comme un grand fait d'armes.

8 Octobre.

Me voici à Sousse, on s'est débarrassé de mon inutile personne en m'expédiant par le premier convoi. Quant à mes camarades, ils vont prendre le chemin de Gabès. C'est l'armée du Juif-Errant !

En abordant les villes de la côte, on retrouve la population de Tunis, c'est-à-dire ce mélange de Juifs et de Maures qui sent la vie civilisée.

L'Arabe de la campagne, le vrai Arabe, celui qui nous a tiré des coups de fusil, paraît rarement ici. Il ne vient à la ville que quand il y est forcé et le plus souvent pour acheter de la poudre et des balles.

L'Arabe ne fraye pas avec le Maure qu'il déteste et méprise souverainement, quoique celui-ci soit beaucoup plus actif et plus intelligent que lui et peut-être à cause de cela. Il le déteste pour sa richesse, il le méprise pour son commerce. Il trouve beaucoup plus noble de vivre à rien faire et d'occuper ses loisirs à détrousser les caravanes.

Sousse est encore tout émue des préparatifs de guerre que l'on faisait ici contre Kairouan. On se demandait ce qu'il adviendrait de ce grand débarquement de troupes, de ce chemin de fer de campagne construit en toute hâte, de ces canons-monstres que la marine se préparait à expédier là-bas? Il n'en est rien advenu du tout. C'est toujours comme cela avec les Arabes. J'ai remarqué que chaque fois qu'on s'attendait à une attaque, on était bien tranquille, et que chaque fois qu'on se croyait en sûreté, ils vous tombaient sur le dos.

Nous sommes ici une centaine de malades et de blessés qui attendons avec impatience l'arrivée du premier paquebot allant à la Goulette, là on nous déposera à l'hôpital *Khereddine*. J'espère bien ne pas y rester longtemps, car je m'empresserai de demander en arrivant un congé de convalescence qui me guérira beaucoup plus vite.

12 Octobre.

Le paquebot tant désiré est arrivé ; me voilà à bord pour la seconde fois, mais cette fois-ci nous voguons du bon côté. Ce n'est pas encore tout à fait le retour en France, mais c'est un acheminement! Aux plus malades, on a donné des cabines de troisième classe et les autres sont libéralement admis à coucher sur le pont. Je ne sais à quel point les fiévreux s'en trouveront bien, mais il est convenu que l'air de la mer purifie tout et guérit tout.

C'est, du moins, un aphorisme fort goûté de l'Intendance.

Avec nos figures vertes, nos yeux cernés, nos barbes de hérissons, nos cheveux mal peignés, nos bras en écharpe et nos béquilles sous les bras, nous devons avoir un triste aspect.

Je dis « nous devons avoir » car je suis trop dans le mouvement pour m'en apercevoir moi, cela me paraît tout naturel, mais je comprends ça à la manière dont les passagers nous regardent. Cette armée de fiévreux et d'estropiés paraît leur produire une pénible impression.

Nous avons trouvé sur le bateau pas mal de nos camarades arrivant de Sfax et de Gabès. Ces derniers ont, paraît-il, atrocement souffert de la soif et des maladies. L'eau de la ville et des environs est tellement saumâtre qu'on était obligé de leur en envoyer par mer au moyen des bateaux-citernes.

Le nombre des fièvres typhoïdes et autres qui ont éclaté sur ces affreux sables de Gabès est incalculable.

Je vous écris sur le pont, nous passons en ce moment en vue de la ville d'Hammamet qui a donné son nom au golfe. L'aspect des côtes doit être assez pittoresque quand elles sont éclairées par un beau soleil, mais aujourd'hui un insupportable siroco a barbouillé le ciel ; ce n'est plus la belle mer bleue et calme que nous avons traversée en arrivant, l'eau a pris une vilaine teinte verte toute triste, les vagues sont houleuses et couronnées d'écume, le bateau se cabre sous l'effort de la lame, j'ai grand peine à tenir mon crayon en respect et à l'empêcher de décrire des zigzags bizarres sur le papier. Heureusement que je ne suis pas sujet au mal de mer, mais je ne puis en dire autant de tous mes compagnons. J'en vois plus d'un qui se retire discrètement à l'écart avec une figure inquiète..... On sait ce que cela veut dire !

14 Octobre.

Nous voici installé au palais Khereddine transformé, pour la circonstance, en hôpital. On nous a promené pendant une heure de salle en salle avant de nous trouver une place, enfin on a fini par nous caser tous. L'endroit est bien choisi ; les salles, donnant sur la mer, sont spacieuses et bien aérées, mais hélas tristement encombrées !

J'ai parlé au médecin en chef, j'espère obtenir bientôt mon congé.

Il y a quelque temps, on n'en accordait sous aucun prétexte, il ne fallait pas qu'on vit en France les blessés de la Tunisie. Mieux valait les laisser périr tranquillement d'ennui à la Goulette ou à Bône où l'on expédiait les plus malades. Mais à la fin, il en est venu tant et tant qu'on a bien été obligé de s'en défaire et maintenant on est enchanté de se débarrasser de ceux qui peuvent supporter le voyage.

On est encore tout ému ici des incursions des Arabes dans le nord de la Régence et des massacres de l'Oued-Zargua, cette gare où les insurgés ont brûlé vifs cinq ou six malheureux employés. A la Goulette même, on commençait à n'être plus trop rassuré.

21 Octobre.

Cette fois ça y est ! Me voilà en route et je vous apporterai moi-même les dernières feuilles de mon journal. Je vais revoir la France ; je vais vous revoir ! C'est plus que je ne saurais dire. Je quitte enfin cette Tunisie que j'étais si curieux de connaître, et que je suis si heureux d'abandonner. Je vais enfin pouvoir me reposer et flaner tout à mon aise ! Quelquefois je me reproche ces pensées égoïstes en songeant à ceux que j'ai laissés là-bas, à Patureau, à tous mes braves camarades qui vont encore souffrir de la soif et de la fatigue à travers le sable et la broussaille.

Pauvres gens ! je leur souhaite de revenir bientôt et de revenir tous !

. . . .

A Bône, où nous avons fait escale, je viens d'avoir un premier aperçu du monde civilisé. J'ai vu des arbres, des maisons bâties à la Française, des gens habillés à l'européenne !

J'ai vu des libraires, des épiciers, des confiseurs !

Je suis entré dans un café où il y avait des journaux, des garçons en tablier blanc et une grosse dame au comptoir ! C'était une série d'étonnements ! J'ai même vu M. Thiers sur la place de la Marine, mais il est en bronze, et tout couvert d'une grosse toile grise. C'est probablement en signe de deuil, car il regarde du côté de la Tunisie.

Tous les cavaliers du septième chasseurs qui reviennent avec moi sur le bateau, et il y en a beaucoup, car c'est un des régiments les plus éprouvés de la campagne, sont descendus ici ; vous ne savez pas pourquoi faire ? Pour aller chercher leurs schakos.

Oui, leurs schakos. On les avait expédiés en

Khroumirie avec des schakos ! Dans un pays où l'on peut à peine supporter un couvre-nuque ! Mais comme ils étaient tous menacés de congestion, ils se sont débarrassés, en débarquant, de leur cloche en cuir bouilli et ils sont partis pour le pays des Khroumirs avec un modeste képi. Depuis huit mois que les malheureux sont en Afrique, vous jugez s'ils auraient eu le temps d'étouffer !

23 Octobre.

« Vive la France ! » C'est le cri qui est parti ce matin de toutes les poitrines en apercevant les collines de la Provence, et c'est celui par lequel je veux fermer mon journal.

POST-SCRIPTUM

Depuis que je suis rentré en France, l'horizon s'est éclairci du côté de la Tunisie et les lecteurs qui ont eu la patience de lire ce journal jusqu'au bout trouveront peut-être que j'ai mis beaucoup de noir dans mes dernières pages.

A ceux là je répondrai que je souhaite de tout mon cœur qu'ils aient raison, mais que le dernier mot de la guerre tunisienne n'est pas dit et que jusque là il est bien difficile d'avoir une opinion sur l'ensemble des événements. Il est vrai qu'à l'heure où j'écris ces lignes nous sommes partout vainqueurs, et que nos ennemis, anéantis par tant de défaites successives, semblent s'être fondus dans les sables du désert pour n'en plus sortir. Mais l'Arabe est un animal têtu auquel il n'est pas facile d'arracher sa volonté. Nous, une fois partis, qui empêchera les rebelles de revenir aux lieux d'où on les avait chassés ? Et une fois là, qui les empêchera de recommencer ou plutôt de continuer à faire ce qu'ils ont toujours fait, c'est-à-dire d'être libres et indépendants ?

Reconnaîtront-ils davantage l'autorité du Bey ? Paieront-ils davantage les impôts ?

Les Zlass, les Ouled-Saïd, les Ouled-Ayar et les autres qui ne se sont jamais soumis à personne, se soumettront-ils aujourd'hui au protectorat français ? Beaucoup de tribus ont demandé l'aman, c'est vrai ; mais nous savons ce que cela veut dire et combien on peut se fier à la sincérité des Arabes.

Il faudra donc nous contenter des quelques milliers de bœufs razziés, des quelques contributions imposées aux révoltés, et franchement c'est peu de chose. Ce n'est pas ce qui nous paiera nos 40 millions.

Il y a quelque chose qui me paraît beaucoup plus efficace, c'est l'occupation des ports de commerce et je suis heureux de constater que le ministère actuel paraît être entré largement dans cette voie.

Pour être tout à fait franc, il faudrait avouer que le reste n'a servi à rien et qu'il y a eu beaucoup de sang et d'argent répandus en pure perte.

Au point de vue militaire, il y a une conclusion à tirer de la campagne de Tunisie, c'est que nous ne savons plus faire la guerre en Afrique.

Nos jeunes officiers, sortis de l'Ecole de guerre, peuvent connaître à fond Jomini, mais ils ont totalement négligé d'étudier Bugeaud, Lamoricière et Pélissier.

Autre chose est de faire la guerre en Europe ou de la faire en Afrique. Nous avons vu des hommes très-capables de conduire un corps d'armée sur une grande route, être complètement débordés quand il s'agissait de faire marcher dans le désert un convoi de 300 mulets.

Les hommes qui nous ont rendu le plus de services dans cette campagne, sont les officiers des bureaux Arabes, grâce à la connaissance qu'ils avaient du pays et des hommes, grâce aussi aux quelques notions de la langue qu'ils possèdent presque tous. Autrefois, on demandait pour entrer à Saint-Cyr, de connaître l'Arabe, l'Anglais, l'Italien ou l'Allemand. Maintenant on exige l'Allemand à l'exclusion de toute autre langue. Pourquoi ? Savons-nous à qui nous ferons la guerre demain ? Sommes-nous sûrs de nous battre contre des Allemands plutôt que contre des Italiens ou des Russes ? Il est beaucoup plus utile d'avoir dans un régiment quatre ou cinq officiers parlant des langues différentes que soixante-et-dix en parlant une seule. Demandez aux chefs de colonnes qui n'avaient pas d'interprète, ce qu'ils n'auraient pas donné pour avoir un officier, un seul, sachant quelques mots d'Arabe ?

On s'est aussi beaucoup plaint pendant cette guerre, et moi-même je me suis plaint souvent, au cours de ce récit, de l'Intendance.

Assurément il y a quelque chose à faire, il faut tâcher d'avoir des services administratifs fonctionnant mieux, mais il faut surtout avoir des généraux qui sachent les faire fonctionner ; car bien souvent les fautes que l'on impute à l'administration proviennent du commandement. Neuf fois sur dix vous entendrez le général en chef dire : « Monsieur l'Intendant peut-il faire ceci ? Monsieur l'Intendant peut-il faire cela ? » Au lieu de dire : « Monsieur l'Intendant fera ceci, Monsieur l'Intendant fera cela. »

Je ne crois pas que nous soyons beaucoup plus forts sur les convois que sur le reste, pas plus que sur les réquisitions. Bien souvent nous avions tout à portée et nous manquions de tout, mais ici c'est un peu la faute du gouvernement : on avait l'ordre d'agir en *pacificateurs*, c'est-à-dire en dupes, et les Arabes se gardaient bien de nous apporter des provisious qu'on n'osait pas leur demander.

Enfin, et c'est là le point capital, il faut avoir une organisation militaire telle qu'en prenant un bataillon dans un régiment, les trois autres ne se trouvent pas désorganisés du coup.

On frémit en songeant ce qui serait arrivé, si pendant la campagne de Tunisie une guerre européenne était venue à éclater !

Donc, beaucoup de réformes à faire, mais je le répète, la fin de la guerre tunisienne a marché beaucoup mieux que le commencement et j'espère que nous sortirons avec honneur d'une campagne dont les débuts avaient paru un peu suspects.

FIN

Arcis-sur-Aube. — Imprimerie Léon FRÉMONT.

CHEZ LE MÊME ÉDITEUR

Le Siège et la Commune de Paris en 1871, par M. Gabriel CHAUSSON, conseiller municipal d'Asnières. 1 vol. grand in-18. 2e édition . . . . 2 »

Histoire de la capitulation de Metz. Enquête sur Bazaine et Coffinières. Trente-neuf pièces historiques annotées, entre autres cinq récits du siège et de la capitulation de Metz. Brochure in-8. . . . . 1 »

Les Allemands chez eux et chez nous, par CHARBONNIER. 1 vol. in-12 . . . . 2 »

L'Homme de Metz, par M. le comte Alfred de LA GUÉRONNIÈRE. Brochure in-8. . . . . 1 »

La France et l'Europe pendant le siège de Paris, par Pierre MAQUEST. (18 septembre 1870—28 janvier 1871). Bazaine — Thiers — Gambetta. 1 fort vol. grand in-8, broché . . . . 6 »

Le Drame de Metz, par le Père MARCHAL, aumonier de l'ex-garde impériale. 27e édition. Brochure in-8. . . . 1 »

Réquisitoire du général Pourcet, commissaire spécial du gouvernement dans le procès du maréchal Bazaine. 1 vol. in-8 . . . . 2 »

Procès du maréchal Bazaine. *Compte rendu des débats du 1er conseil de guerre.* Précédé d'une introduction et suivi d'une table analytique des matières, d'une table alphabétique des témoins et d'une bibliog[illegible]incipaux ouvrages à consulter sur l'histoire d[illegible]et du siège de Metz. 1 fort vol. in-8 . . . [illegible]

Trahison de Bazaine, par Eugène R***. B[illegible] »

Rapport officiel du Conseil d'enquête [illegible] tions de Laon, Toul, Soissons, Schlest[illegible] brisach, Phalsbourg, Montmédy, Amie[illegible] ville, Paris, Guise, Mézières, Petite-Pier[illegible] Lichtemberg. Brochure in-8. . . . . . [illegible]

Rapport officiel du Conseil d'enquête su[illegible] de Sedan, suivi du protocole de la capit[illegible] in-8, avec une carte coloriée . . . . [illegible]

La capitulation de Metz, par le capitain[illegible] in-8. . . . . [illegible]

Les derniers jours de Metz, par le même. B[illegible]

Journal d'un Mobile, Paris, 14 septembre 18[illegible] 1871. 2e édition. 1 vol. grand in-18 . . . . [illegible]

Paris. — Imprimerie de l'*Étoile*, BOUDET directeur, rue Cas[illegible]

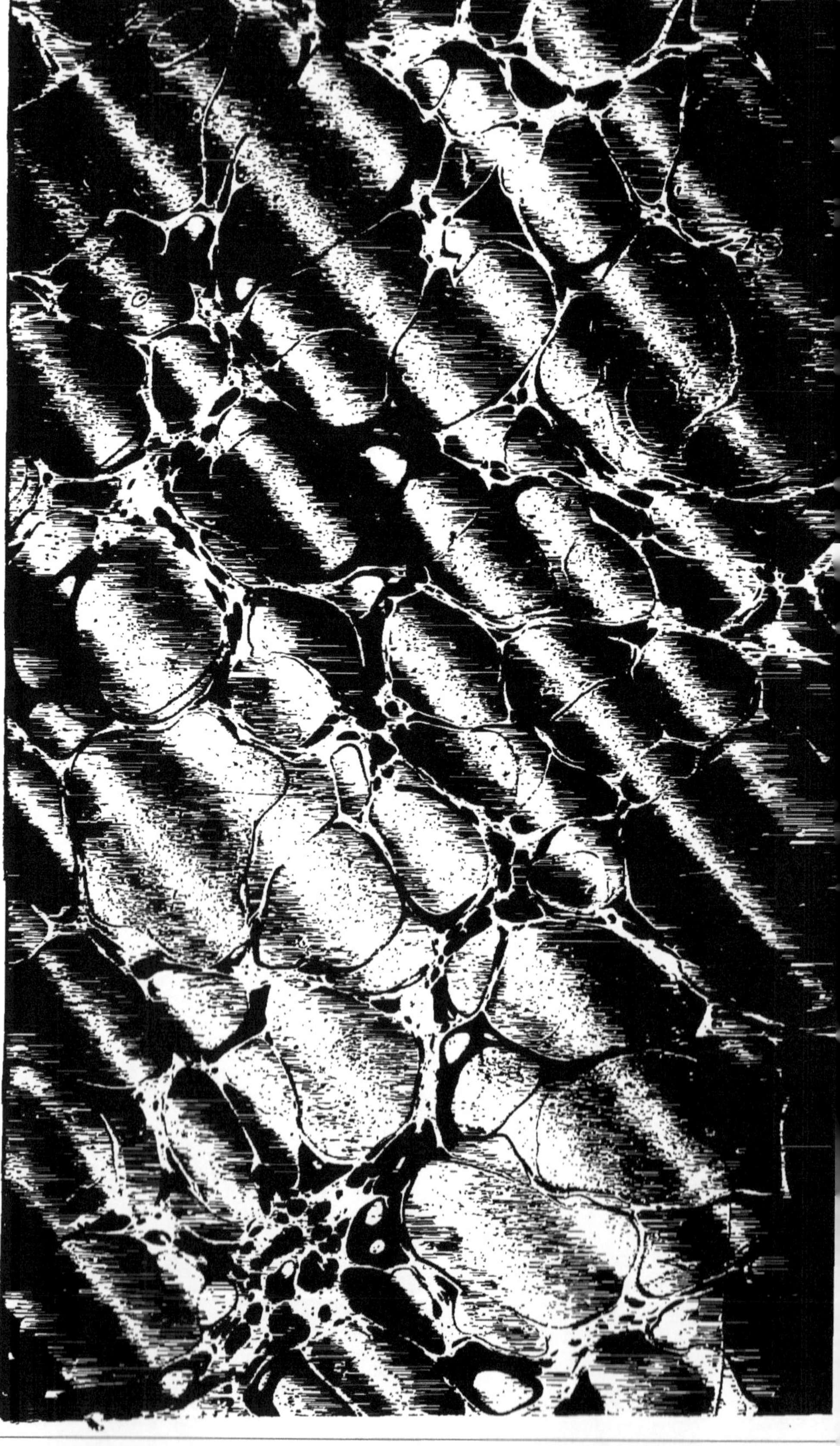

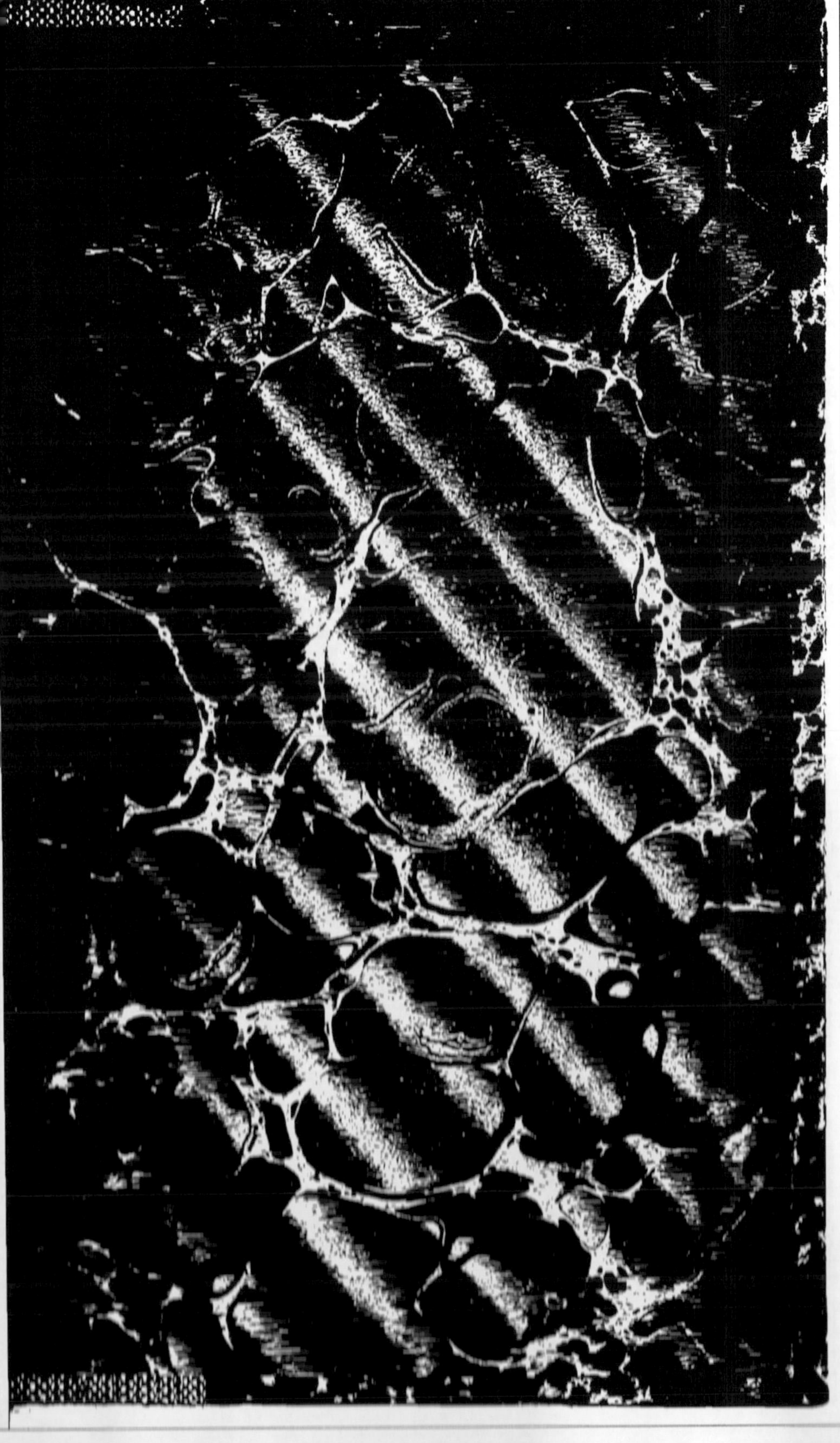

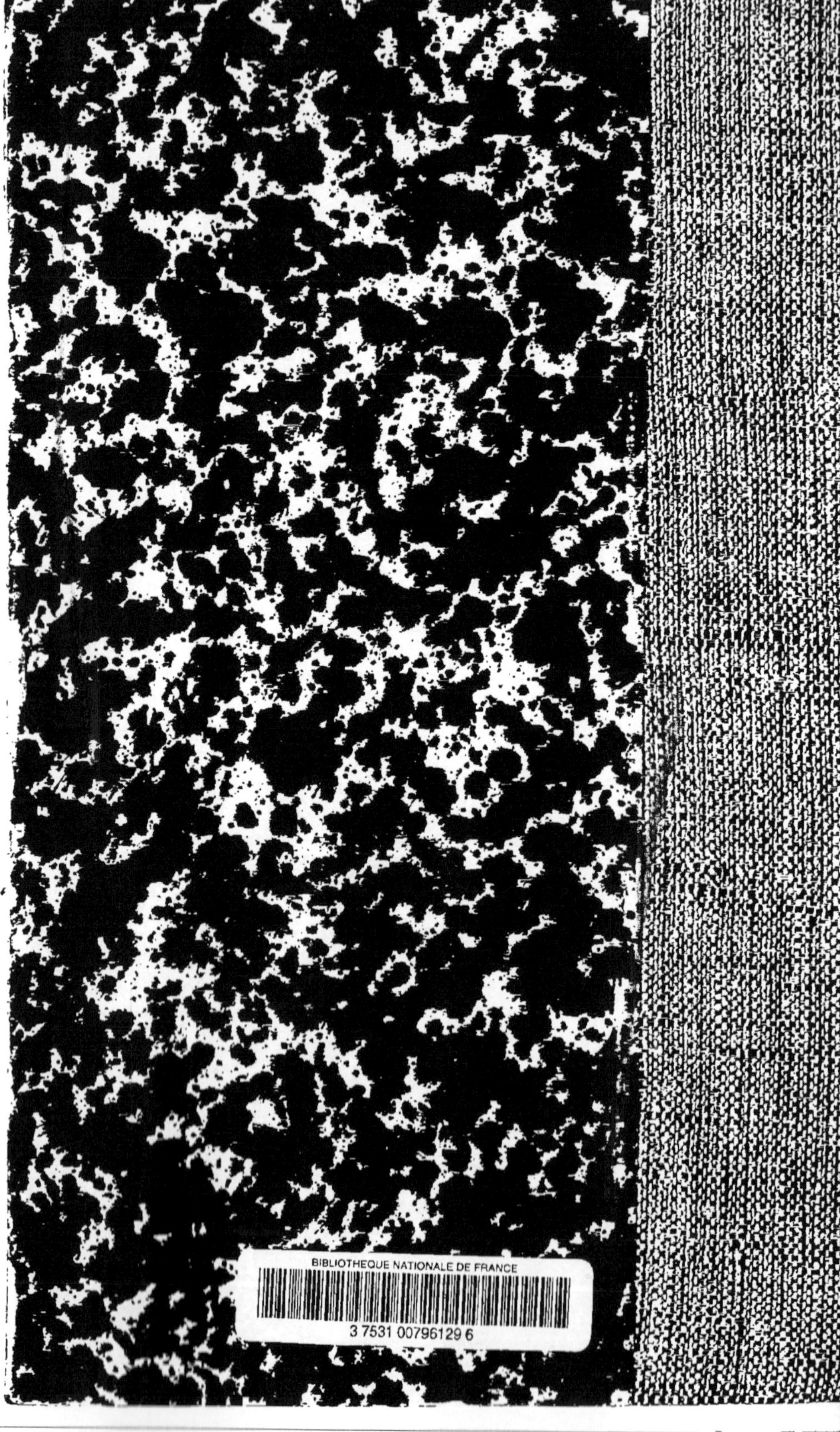

www.ingramcontent.com/pod-product-compliance
Ingram Content Group UK Ltd.
Pitfield, Milton Keynes, MK11 3LW, UK
UKHW020454200726
13857UKWH00002B/704

9 782012 398283